电视传播概论

秦瑜明　编著

中国传媒大学出版社

目　录

序

任金州

1998年3月，朱镕基总理在新一届政府组成后的记者招待会上说，本届政府最重要的工作是："科教兴国"。在此治国理念指导下，四年来，我国的教育事业得到了空前的发展。基础教育、高等教育、成人教育、现代远程教育全面兴旺，持续几年的扩大招生使高等教育的毛入学率由1997年的9．1%增至2000年的11%左右。高教体制改革、教学内容和课程体系改革、高考制度改革、高校后勤社会化等一系列改革举措，使得高等教育成为国内改革与发展最为强劲的一股力量。

在全国高等教育大发展的背景下，北京广播学院成人教育也取得了长足的进步。从过去的函授、夜大两种办学形式以及以专科为主的办学层次，发展成为函授、夜大、成人脱产三种办学形式和专科、专升本、高中起点升本科三个办学层次交叉综合。目前的13个专业覆盖了广播电视系统的主要专业领域，形成了较为完善的成人教育体系。此外，还在西部地区的宁夏，通过合作办学举办了研究生课程进修班，为成人教育向更高层次发展作出了新的探索；在经济发达地区无锡，与民办学校合作，建立了北京广播学院继续教育学院无锡分院。目前，继续教育学院的在读生人数从五年前的五千多人增至八千多人。2001年，教育部还批准我校为全国惟一一所艺术类专业成人函授本科可以跨地区招生的高等院校，这标志着我校成人教育迈上了一个新台阶。

发展，不仅带来了机遇而且也带来了挑战。函授、夜大办学层次的增加和专业的增多，迫切需要尽快有计划地编写出新的符合成人教育特点、适合成人学习，同时具有我校成人教育特色的系列教材。为此，学校领导根据当前成教的专业设置和承担主要专业课程教学单位的情况，重新调整了函授夜大教材编委会。继续教育学院经过多次论证，决定在已有教材的基础上，突出重点，先易后难，按专业成系列地推出一批新的教材，以满足新形式、新环境下成人教育发展对教材建设的新要求。这些都是成人教育在扩大招生规模的情况下，不断提升教学质量，构建具有成教特点的教学体系，实现可持续发展的重要举措。

教师、教材、教室是传统教育办学形式中三个最基本的组成要素。随着现代远程教育特别是网络教育的出现和发展，教室这一办学要素，发生了很大的变化。教室已不再是办学的必要条件。教师和教材在教学活动中的作用更加凸显，而在二者中作为教材的延伸和变异发展的教学资源——课件却不断丰富完备和多样化。教学课件特有的学习方式反过来又引发和推动了网络教育教学形式的变革。在一个完善的高质量的课件面前，教师的作用已从传统的课堂讲授转为集体合作，共同创建一个丰富、系统、科学的多媒体课件上来。传统教学中课堂上教师口头传授知识的方式大多被多媒体形式的人机交流所替代，学生获取知识的渠道和方式发生了重大变化。在这一切变化中，教材、课件的作用日益成为教学活动中的主导。函授教育从本质上讲也是一种远程教育，搞好教材建设是一个根本性建设，从这个意义上讲，继续教育学院这次抓成教教材建设是抓到了根本，抓住了关键。

这次继续教育学院与电视学院合作推出的影视节目制作系列

教材（10 本），是在原广播电影电视部教育司指导下由电视系组织编写的电视节目制作系列统编教材（10 本）的基础上重新改写或修订的。与上套教材相比新版影视节目制作专业系列教材，有几点变化：一是由于课程调整而需要重新编写的教材，例如：旧版教材中有《电视照明》，这次新版教材将此课调整为《摄影构图》，由青年教师郭艳民编写。二是同一课程同一教材由于更换了主讲教师而重新编写的教材，例如：旧版《电视概论》原由张雅欣编写，新版教材改由秦瑜明编写，两个人在讲课内容和表述方式等方面都有许多不同，因而教材内容也有较大变化。三是随着近几年来电视节目制作环境发生的很大变化，新的节目制作理念和新的成功作品不断涌现，特别是广播影视集团化背景下的电视节目制作及运作方式的变化所带来的一些新观点、新经验、新体制、新做法，都需要增添进教材中，以使学生能够接触最新的案例和最新的研究成果。增加新案例分析、增加新内容，从新的角度重新认识一些问题，成为新版教材最大的亮点。四是新版教材的作者，10 人中有 7 人是新人。他们虽然继承了前任教师的课程体系和一些基本理论，保持了课程内容总体构架的连续性和统一性，但新人总有新观点、新看法，以及新的分析方法。他们通过自己的思考和编写反映出他们对电视节目制作的新认识。没有这些也就没有学科的进步、理论的出新，这也是我们编委会希望看到的地方。这次新版教材的编写启用了一批新近成长起来的中青年教师，给了他们一次机会，对他们来讲也是一次锻炼。我们相信，“青出于蓝胜于蓝”，我们期待着新版教材能够得到学生和社会的认可，能够为我校成人教育发展起到它应有的作用。通过我们几代人的努力，使广院影视节目制作专业成为一个品牌专业，构建起具有中国特色的电视学理论大厦。

2002 年 5 月 13 日

第一章

电视传播科技的发展

自学提要

•电视技术不是完成了的、单一的技术，它的发展过程是长期的、多方面的。许多相关技术在电视事业的进步和改良中起到关键的作用。

•纪录媒介改变了电视的时空，因而改变了电视媒体的形态。彩色电视、高清晰度电视提高了电视传播的质量和效果，卫星和有线电视扩大了电视的传送范围和节目容量，数字电视将给电视传播带来革命性的变化。

作为一种现代电子媒介，电视的存在已有近百年的历史。广播电视（Broadcasting）泛指通过无线电波或导线向广大地区或特定范围传播声音、图像节目的大众传播媒介，其中只播送声音的称为“电声广播”，简称“广播”（Radio）；同时播出声音和图像的，称为“电视广播”，简称“电视”（Television）。电视的发展经历了漫长的史前期和在诸多电子媒介相互作用中独立发展的时期，它是以科技进步为依托的现代电子媒介，因此，掌握与电视相关的理论知识，就有必要先了解电视传播的技术发展历程。

从技术上看，电视传播的过程简单地讲就是通过摄像机和话筒把景物反射出来的光线和声源发出来的声音转变为相应的电子信号——即音频信号和视频信号①，并辅之以其他电子设备所生成的文字等电子信号，通过有线或无线的方式把这些电子信号发射出去，接收时再通过接收工具把音频、视频和其他电子信号还原为图像和声音，供观众收听和收看。

第一节 电视的发明

19 世纪是化学、物理等学科迅速发展并不断取得新的重大发现的时期，电视的诞生离不开科学技术的发展。19 世纪末和 20 世纪初电子的发现，不仅使无线电通信成为现实，也为电视技术提供了一定的条件。但是，研究电视科学的直接推动力是硒元素的发现，特别是硒元素“光电作用”的发现。

1817 年，瑞典人布尔兹列斯在一次化学试验中偶然发现了一个新元素“硒”（se），但硒的另一个重要特性他却没有发现。1873 年，英国人约瑟夫·梅在无意中证实硒有光电效应，这才有了发明电视的前景。所谓光电效应，就是光线照到含有硒的物体上，就有电子放射现象。这就是说硒这种物质具有“把光变成电能”的性能，而且这种性能还表现在：照射的光线越强，放射的

① 视频信号和音频信号：图像信号、复合同步信号和复合同步消隐信号构成黑白电视的视频信号，而彩色电视的视频信号则需包括亮度信号和色差信号以及色同步信号。人耳听到的频率动态范围为 20Hz—20MHz，对应于该范围的电信号在电视技术领域中称作音频信号。通常我们在电子影像技术中，以视频信号表示各种图像和画面，音频信号则表示各种声音。

电子就越多，反之，照射的光线越弱，放射的电子就越少。硒的这种特性所反应出来的“光电作用”启发了科学家，从而预示了把光变成电的可能性和把光变成电信号发射出去的可能性，光可以使感光材料感光而形成影像，而光电作用解决了电信号与光信号相互转换的问题，证明任何物体的影像在理论上都可以用电子信号予以传播。硒元素光电作用的发现为后人研究电视和发明电视提供了新的条件和新的理论根据。

接下来的关键问题就是如何将一幅幅画面信息转换成一连串的电信号并传递出去。电影利用视觉暂留原理[①]分割运动过程的原理启发了人们。将一幅图像分割成若干个更小的部分——我们称其为像素[②]，然后依次播放、传递、接收，这就是电视的基本原理。但是，像素分割的数量和传递的速度是研究电视的难点。

1884年，年轻的德国工程师保罗·尼普科夫利用硒光电池，发明了一种用机械的方法来实现分割图像和轮流传送的器械，即圆盘机械电视。在一个可以旋转的圆盘上，沿螺旋线的一圈开若干个小孔，影像反射的光线通过透镜和一个限制框后射到圆盘上。此时由于大部分光线都被圆盘挡住，只有正对着某一小孔的光线可以通过，而后到达光电管。这样，当圆盘旋转起来时，这些呈螺旋排列的小孔就将画面依次分成了若干像素并逐行扫过画

① 很久以前人们就知道这样的把戏：挥动一支燃烧着的火把可以将其变为一条火带，但却一直到1824年英国人彼德·马克·罗杰特在英国皇家学会上提出的一篇论文中才对这类现象的实质有了科学的解释。他提出：当人眼在观察运动时，每一瞬间的形象在消失后，还会在视网膜上停留不到一秒钟的时间（一般认为是1/10秒）。这种现象叫做“视觉暂留”或“视觉记忆”。其实许多视觉游戏都用到了视觉暂留原理，比如把一张两面有画的硬纸片旋转起来时，两面的画就合在一起了。

② 在电视技术中，组成图像的不同亮度、不同色度的细小信息单元，称作像素。任何复杂的图像，都可以看成是由若干个这种亮度不同和色度不同的像素所组成。

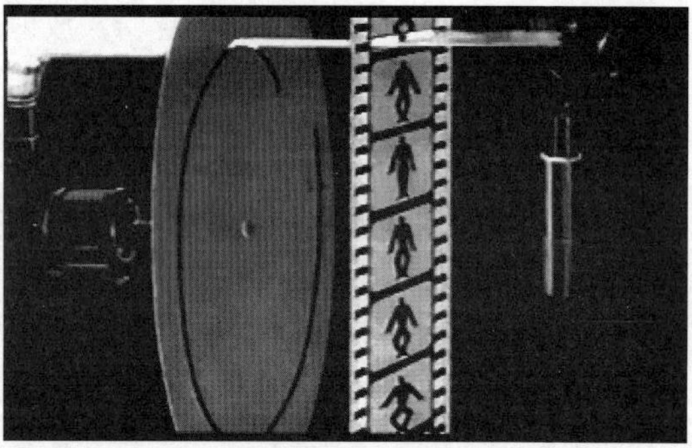

尼普科夫扫描圆盘

面。一幅画面就这样逐个像素地通过光电管和传送系统被传送出去。当圆盘转过一圈再继续转时，螺旋线上的最后一个小孔从限制框的右下方移出，而第一个小孔又重新从限制框的左上方进入，开始扫第二幅画面。旋转速度越快，分割的像素越多，而沿螺旋线开的小孔越多，扫过的行数就越多。这种依次快速地扫过各个像素，使之完成光电转换的方法就是扫描法。在接收端同样也采用一个圆盘，将其与发射端的圆盘连锁起来，做到完全同步。从发射端过来的变化的电信号通过电光的转换，成为变化的光信号，依次轮流穿过同步旋转的圆盘上的小孔，按照与发射时完全一样的次序放映出来，形成一幅幅影像。只要像素传递得足够快，那么它就和电影一样可以传递活动的影像了。当然由于这种方法是机械的，它的像素不可能分割得太小，圆盘旋转速度也有限，所以影像的清晰度自然是很差的。但这毕竟第一次提出并实现了顺序扫描、同步再现的设想，给日后电视的发明奠定了设计理论基础。因此，人们称保罗·尼普科夫为“电视之父”。

在机械电视时代，最值得一提的是英国人贝尔德。1925 年 10 月 2 日，他利用尼普科夫发明的扫描盘制成了第一台电视设备，成功地完成了播送和接收电视画面的实验，将一个名叫威廉的人的脸清楚地显现在屏幕上，因此这个 15 岁的店员威廉就成为世界上第一个上电视的人。第二年的 1 月 26 日，贝尔德在伦敦作了公开的电视表演，轰动英国和美国。

尽管在当时，机械电视技术确实已经达到很高水平，但是它还不能建立一个令人满意的电视系统。因为机械电视的技术标准较低，即使1932年的英国实验电视扫描也只有120行，所以电子电视时代的出现是技术发展的趋势。

几乎与机械电视研制的同时，电子电视的研究也有了很大进展。1906年，美国无线电发明家德福雷斯特发明了真空三极管；二三十年代，物理学家弗拉基米尔·佐里金先后发明了光电子摄像管和光电子显像管，当时他是美国西屋电器公司的工程师，他的成就打开了电视系统由机械电视时代进入电子电视时代的大门，使电视研究进入了一个新纪元。

在人们对电视的兴趣持续高涨的情况下，许多国家在20世纪20年代末到30年代初都相继进行了一系列实验性的电视播放，美国在1927年、英国在1929年、苏联在1931年、法国在1932年、德国是在1935年都先后实现了电视的实验性播出。在电视的实验阶段，英国人的进展较快，1936年11月2日，英国人交替利用机械电视系统和电子电视系统，在伦敦亚历山大宫开办了世界上第一座正式播出的电视台，这在世界电视史上具有里程碑式的意义。四个月后，全新的电子化设备完全取代了贝尔德的机械电视系统，但贝尔德发明电视的历史贡献是不可磨灭的。

电视是20世纪人类最伟大的发明之一，和任何一项伟大发明一样，它凝聚着众多科学家和从业者的心血和智慧。

第二节　电视接收系统的发展

电视信号的摄取和接收是电视技术中的两个不可脱离的环节。图像的摄取是为了收视者的接收。摄像机摄取的景物的图像和声音转变为视频和音频信号，视频和音频信号经过处理加工后，再由电视发射塔发射，最终要使电视接收机接收到，再把音频信号和视频信号还原为景物的声音和图像。摄取、发射和接收之间的关系早在机械电视发明时期就已经奠定，这就是顺序扫描、同步再现的原则。在现代电视系统中，电视信号的接受是由电视接收机来实现的。

一、黑白电视接收系统

黑白电视机与一般收音机相比，多了一个包括显像管在内的图像扫描电路部分和同步扫描电路部分。其他电信号处理部分与收音机类似，但要求不同。

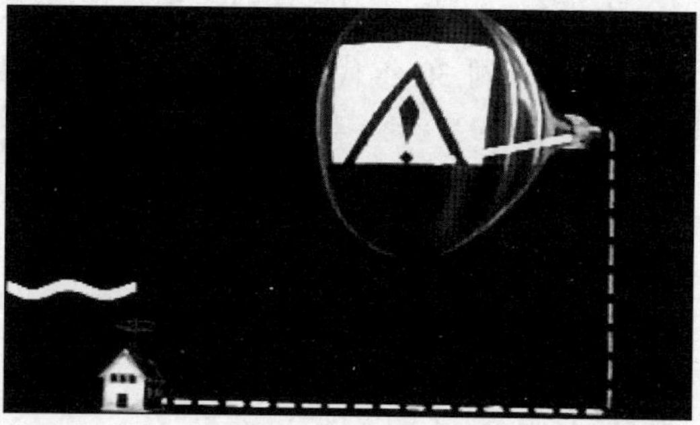

电视信号的接收

在电视机中将视频电信号转换为图像的光信号的主要器件是显像管。显像管的长颈部分内是一个电子枪，其作用和摄像管一样，是用来发射电子束的。显像管的凸出部分是一个内壁涂有荧光粉的荧光屏。荧光粉是一种特殊材料，平时不发光，当受到电子束轰击时，就会将高速电子的动能变为光能，在屏幕上形成一个亮点。在发射端的同步信号的控制下，电子束和摄像管扫描的原理一样，同步顺序轰击荧光屏，也是进行扫描，而且轰击的强度随发射端的信号强弱而变化，如果亮点的运动速度达到人眼视觉暂留原理的要求，我们就分辨不出其运动的痕迹，而视为整幅屏幕的亮点信号同时射入眼内，即看到整幅的图像。显像管的作用和摄像管正好相反，摄像管是将景物的光信号转换为电信号，而显像管则是将代表景物亮度的电信号还原为光信号。

二、彩色电视系统

彩色电视较之黑白电视表现力更为丰富，更符合人们对外部世界的认知经验和感受过程，能给人造成更大的视觉冲击，从而大大改进了电视的传播质量，提高了电视的传播效果。因此，几乎是在电视发明的同时，人们就开始进行彩色图像的传播试验了。

彩色图像信号与黑白图像信号的区别在于：彩色电视的每个像素不仅仅包含了亮度的信号，还包含了色度的信号，像素间既存在着亮度差，也存在着色度差。在彩色影像的摄取、传输和接收过程中都必须同时解决每一像素的亮度差和色度差问题，这样就形成了彩色电视系统的复杂性。为了解决这一问题，人们采取了编码器的方法。编码的目的是将彩色电视中用红、绿、蓝三基色信号表示的彩色信号中的亮度信号和色度信号分开。

根据光的三原色原理，即所有的色彩都可以通过红、绿、蓝三原色调配出来，彩色电视是先将彩色图像分解成三原色分别提取出来，然后转换成电信号发送出去，接收后再将电信号转换成光的三原色，从而还原成彩色图像。彩色电视技术的复杂性带来了开发的难度，它的出现远较黑白电视为晚。

在黑白电视制式中，不存在发射和接收系统的制式问题。而在彩色电视系统中，由于在发明过程中对三基色信号和由其组成的亮度信号的处理方式的差异，而构成了具有不同特点的彩色电视制式。20 世纪 20 年代以来，各国曾研制了许多制式。自 50 年代彩色电视正式问世后，实际应用的主要有 NTSC 制和 PAL 制以及 SECAM 制。这三种制式都采用了与黑白电视兼容的亮度信号。

40年代初，美国的哥伦比亚广播公司（CBS）和全国广播公司（NBC）分别完成了彩色电视的研制，并先后投入试验播出。CBS起步在先，1950年9月，美国联邦通讯委员会（FCC）原则上认可了CBS开发的彩色电视系统。然而，CBS的系统有一个致命的弱点，即不能与业已形成规模的黑白电视设备兼容，需要原有的电视业另行更换设备。于是，在美国无线电公司(RCA)、NBC及其他无线电制造商的说服下，FCC又改变了主意，决定再次成立美国全国电视标准委员会（NTSC），以确定彩色电视制式。1953年，电视制式委员会向政府建议，采用RCA—NBC开发的“点描制”为美国彩色电视的技术标准。这一标准的全名是“正交平衡调幅制”，后来也称NTSC制①。这是可以兼容原有电视标准的彩色电视标准，它于1953年12月17日获得FCC的确认。1954年，NBC正式播放彩色电视节目。

在国际范围内，彩色电视制式的争夺更加激烈。美国的彩色电视制式在世界上引起了轰动。美国还劝说它的一些追随者采用了美国彩色电视制式。但美国制式出于兼容的需要，技术上过于迁就黑白电视，其色彩并不令人满意。于是有人讥讽NTSC制式是“绝非同样颜色”——Never The Same Color的制式。

1956年3月4日，国际无线电通讯委员会在联邦德国举行了由25个国家的100多位专家参加的会议，对美国、英国、法国、荷兰等国研制的彩色电视进行讨论。此后世界各国纷纷开发彩色电视，先后研制出的电视制式有20多种。尤其是法国和德国对彩色电视的研究成就显著。1958年，法国在美国NTSC制

① NTSC制：是1953年美国研制成功的一种彩色电视制式。NTSC是美国电视制式委员会的缩写。由于它是对两个色差信号采用正交平衡调幅后，与亮度信号一起传送的，所以又叫做正交平衡调幅制。NTSC制的优点是接收机简单、最佳图像质量高、信号处理方便等，缺点是由于传输通道的非线性引起的微分相位失真，而使接收端色调失真。

式的基础上开发出 SECAM 制式[1]，即“顺序传送和彩色存储制”，它在防止高山和建筑物对图像色彩的影响方面有改进，但对黑白电视的兼容性能却有所下降。此外，它需要占用较宽频带。60 年代，由于法国与美国在国际政治问题上的分歧，有人戏称 SECAM 制式为“基本反对美国的制式”——System that Elementarily Contrary to American System。1963 年，德国也在 NTSC 制式的基础上研制成 PAL 制式，即“相位逐行交变制”。这种制式的优点是传送范围广，传真度高。[2]

1967 年，PAL 制和 SECAM 制先后在欧洲投入使用。

彩色电视拥有广阔的市场，谁的制式能在世界通用，谁就能获得丰厚的利润。因此，经多方淘汰最后剩下的美、法、德三家具有竞争力的彩电制式在全球范围内展开了激烈的市场争夺。大队人马带着各种机器，到西欧、东欧、亚洲，到世界各地现场表演，竭力兜售。1965 年，在国际无线电传播咨询委员会维也纳会议上，彩电之争达到高潮。美、法两国总统都亲自过问会议情况。会后，美国制式在欧洲处于劣势，法、德两国继续竞争。法国拉到了苏联加盟，与苏联签订了法苏彩色电视协定，并加紧在东欧等地推行 SECAM 制式。由于政治和外交因素的介入，法国制式曾一度占据上风。1966 年 7 月，在国际无线电传播咨询委员会奥斯陆会议上，赞成法国制式的有 37 票，联邦德国制式得 16 票，美国制式仅获 8 票。其后三方各行其是，最终形成彩电制式“三分天下”的既成事实。苏联和东欧国家采用了 SECAM 制式；西欧、北欧、大洋洲和非洲部分国家以及亚洲大部分国家

---

① SECAM 制：是法国人 1956 年提出、1966 年定型的一种彩色电视制式，是法文 SEQUNTIAL COULEUR A MEMOIRE 的缩写，意为“顺序传送彩色与存储”，这种制式避免了串色和失真。

② PAL 制：是德国研制成功的一种彩色电视制式。PAL 是相位逐行交变的缩写，其目的是为了克服 NTSC 制式的相位敏感性。

（包括中国）采用了PAL制式；美洲国家，还有日本、台湾、菲律宾等地，采用了NTSC制式。

世界彩色电视制式

地区	国家数	开办电视国家数	开办彩电国家数	NTSC	PAL	SECAM
世界	196	184	183	44	95	50
欧洲	45	43	43	0	28	16
亚洲	44	43	43	7	31	9
大洋洲	16	11	10	3	5	2
非洲	53	49	49	1	26	23
南北美洲	38	38	38	33	5	0

随着全球传播时代的到来，“三国鼎立”的彩色电视割据局面给人们的信息传播带来的不便越来越明显。尤其是在欧洲，随着欧洲一体化的进程，彩电制式的藩篱势必要打破。1982年，英国首先提出复用模拟分量（MAC）制式，得到欧洲各国的支持和采用，这是一种适用于卫星等新媒介的彩电制式。目前，世界上各种制式的彩电节目都可通过电视制式转换装置相互转播。

三、高清晰度电视系统

由于电视的成像原理的限制，使电视的画面与电影相比，像素少、图像细节表现能力差，这些先天性弱点，使其与电影画面在清晰度[①]方面无法比拟。为提高电视画面的清晰度，各国的

① 清晰度：电子图像的清晰度和电影图像的清晰度的概念一样，是指拾取、传送、记录和显示图像细部的能力。组成电子图像的基本单元是像素，像素的多少反映图像的清晰度。所以一般将分解电视图像上像素的能力高低作为电子图像的清晰度好坏的标准，用分辨率来表示。分辨率与扫描线数有关，扫描线数多，分辨率高，反之则低。

工程师都投入了相当大的力量，其研究的成果在 70 年代末 80 年代初陆续推出。这就是继黑白电视和彩色电视后的新一代电视——高清晰度电视（High Definition TV），简称 HDTV。高清晰度电视的出现显示了电视质量朝完美方向的发展。

在高清晰度电视研究领域中，首先推出的是日本广播协会的研究成果——1125 线、60 场/秒、2∶1 隔行扫描标准的高清晰度电视。1985 年 9 月，在日本筑波市万国博览会的入口处，一架大如墙壁的电视机正在播放 1984 年奥运会的开幕典礼。1125 行扫描线的画面栩栩如生，画中人物毫发毕现，有如 35 毫米宽银幕电影的效果。从此，日本推出的高清晰度电视正式粉墨登场。日本研制高清晰度电视已经有二十多年的历史，几乎从引进美国彩色电视制式播出时便开始了。1981 年，日本广播协会（NHK）首次展示高清晰度电视，立刻使世界大吃一惊。高清晰度彩色电视的扫描线① 为原 NTSC 制式 525 行扫描线的两倍多，每秒钟画面 60 幅，宽高比例为 16∶9，而不是以往的 4∶3，据说更符合人眼观察事物的要求，其清晰度与逼真度与电影相差无几，肉眼几乎看不到点状的扫描线。与 NTSC 制式电视相比，高清晰度电视色彩更加艳丽，高保真度立体声音频信号与宽屏幕的画面浑然天成。但是，这种新的高清晰度电视制式——MUSE 制式——与日本原来的 NTSC 制式不能兼容，用 MUSE 制式发射机播放的节目，普通电视机要安装一个昂贵的解码器才能收到，而图像的清晰度也还在原先电视机的标准之内。日本则按既定方针，有条不紊地积极推进高清晰度电视。1989 年 6 月 3 日，日

① 扫描线数（行数）：电子束在一帧或一场画面中所扫过的行数称作扫描线数（行数）。从电子影像画面的构成来看，扫描线数越多，影像越清晰。但是，扫描线数越多，设备要求越高越复杂，价格也越昂贵。因此，扫描线数以可满足观看效果为标准来确定。

本成为世界上第一个每天播出高清晰度电视节目的国家。

美国工业界一开始是赞赏日本发明的。但是，各电视台一致反对采用这种被称为“缪斯”（MUSE）的日本制式。部分原因是，这种新的高清晰度电视制式与美国原来的 NTSC 制式不能兼容，这意味着，它会使美国正在使用的1.6亿台电视机变为废品。美国国内对高清晰度电视的发展可谓是众说纷纭，难以达成共识，但有一点是肯定的：美国起步太晚了，追赶日本十分不易。

1988 年 9 月，美国无线电公司（RCA）及其子公司美国全国广播公司（NBC）和大卫·萨诺夫研究中心在高清晰度电视研究方面采取联合行动。在历史上，RCA 和 NBC 曾以兼容性的彩色电视制式击败了效果更好但不能兼容黑白电视的美国哥伦比亚广播公司（CBS）的彩色电视制式，这次，它们向众议院电讯委员会递交了一份报告，提出开发可兼容式次高清晰度电视的设想和具体工作步骤。它们提出，在美国的高清晰度电视趋于完美之前，退而求其次，先以次高清晰度电视作为过渡。涉及民族经济利益，美国联邦通讯委员会（FCC）对此项原则立即表示赞同。

1990 年，美国的高清晰度电视研制工作初见成效。不同于日本制式的模拟方法，美国采用了最先进的数字转换技术。1993 年 5 月 24 日，美国电话电报公司（AT&T）、通用仪器公司（GI）、麻省理工学院（MIT）、齐尼思公司（Zenith）等几家公司及研究机构组成了“大联盟”（Grand Alliance，简称 GA），共同开发一个统一的数字高清晰度电视制式。1995 年 11 月，联邦通信委员会下设的先进电视委员会正式提出把“大联盟”系统作为美国数字高清晰度电视制式标准。由于采用了数字技术，美国的高清晰度电视传送效率高，有效地压缩了带宽，适于窄频道传输的地面广播，且不干扰使用相同频道的其他节目，实现了与现行模拟信号电视兼容过渡的目的。美国正如其所希望的，在高清晰度电视的研究方面后来居上。1996 年，美国开始试验高清晰度电视广播。1998年11月1日，第一批23家美国电视台开始播出高清晰度电视节目。

据估计，从2000年开始，高清晰度电视设备每年的销售额将达1000亿美元。欧洲也不愿轻易放弃这一巨大的世界市场，在高清晰度电视研究方面也积极跟进。1991年，欧洲高清晰度电视联营集团“电视——1250”成立。“1250”是新制式的扫描线行数。当年在海牙举行的欧洲科技“尤里卡”计划会议确认，欧洲高清晰度电视以HD－MAC为惟一的标准制式。MAC制式具备对欧洲普遍采用的PAL和SECAM两种彩色电视制式的兼容能力，是用于卫星直播传送的一种彩色电视制式。

高清晰度数字电视是电视行业发展的方向，我国正在积极开展数字电视的开发和制定相关的适应我国国情的数字电视标准。中央电视台已经拥有了自己的HDTV电视转播车，成功地试验转播了五十周年国庆阅兵及联欢晚会。一旦我国的高清晰度数字电视标准全部制定通过，一个新的电视时代就将来临。

四、数字技术与电视

在高清晰度电视系统的研制和开发过程中，数字技术越来越受到重视。数字技术标志着一场真正的革命，其意义远远超过了单纯技术巨变。一方面，它将促使信息传播网络和接收硬件系统的一体化；另一方面，它将同时强化媒体的新型关系，改进消费媒体传输信息的方式。从根本上，这场革命源于微电子技术的突破性进展，将会导致图像、声音和数据的数字化。

在传统所谓的模拟系统中，声音和图像被转换成电信号，才能在诸如电线、光纤之类的物理支持系统中传输，或通过地面广播网络或卫星以电磁波的形式传输。在数字技术中，相同的信号经过编码，以二进制的方式排列为一组组的0和1，这样就变成了数据处理文件。当然，这些基本文件还是有问题，它们对传输容量要求非常高。而数字压缩技术解决了这个问题，它使信息流量减少，节约了传输时间，降低了传输费用，而且没有改变信息本身的质量和内容。在无线电广播方面，有了数字技术，特别是数字压缩技术，便可以在一个频道（无论是有线、地面广播还是卫星）上传输多种业务（包括电视、广播、数据传输、电信等）或几个多声道广播电视节目，数字压缩技术更大限度地利用了现有频道，从而降低了传输费用。

数字技术最早使用在计算机和电话通讯中，如今，数字技术已成为广播和电视技术中最重要的一个环节，而且数字技术对电视观众和图像用户的影响可能要比对计算机和电信用户大。虽然目前的电视信号发送、传输、接收和记录方式大都仍采用模拟信号方式，但数字电视拥有比模拟电视更多的优越性，数字电视广播的使用已是指日可待了。

数字电视从根本上改变了电视信号的处理方式，它与模拟电视有着本质的区别。在数字电视系统中，信号的处理、传输、接收和记录都是数字化的。由于数字技术和数据压缩的引入，电视技术进入了一个崭新的领域。数字化已深入到从有线电视、地面广播到卫星传输的整个电视传输系统，已进入从演播室到用户接收的电视传播的各个环节，而且在节目制作和后期制作中占据着日益重要的地位。

数字电视的研究从70年代初就已开始了。当时英国广播公司BBC、英国独立广播公司IBA已经分别研究了PAL制彩色电视信号的数字化问题，并开始探索数字电视的应用。进入80年代，数字电视技术有了较快的发展，各种数字电视设备相继研制成功。80年代后期兴起的数字式高清晰度电视研究促进了数字电视技术的发展。自1990年以来，美国为研制高清晰度电视提出了信源用数字压缩编码、传输（信道）用数字通信技术之后，就出现了全数字电视。1996年12月26日，美国联邦通讯委员会（FCC）批准了以 HDTV 为基础的 ATSC 数字电视标准，并决定到 2006 年停止模拟式 NTSC 电视广播，全部改为数字电视广播。对于非商业广播则要求在 2003 年 5 月 1 日前全部改为数字体制。在欧洲，数字电视广播 DVB 计划也在加紧进行，欧洲的 DVB 重点放在数字化的常规标准清晰度电视上。卫星数字电视广播已于 1996 年陆续开播。

我国于 1995 年就开始采用数字压缩设备进行卫星电视的传输。1999 年建国 50 周年庆典活动直播中，不仅成功利用高清晰度电视进行了转播，并且从现场转播设备到中心制作系统，从信号传输到节目播出系统，全面采用了数字化技术。到 2005 年底前，我国的模拟电视将完成数字化过渡。

数字电视的普及指日可待，而数字电视将会给电视传播带来革命性的变化。

首先，电视系统的全面数字化，有可能促使电视与通讯、计算机业务一体化的形成。由于有了数字化这一共同的技术基础，这三种媒介形式有了经由共同的传播渠道进行信息的传送、接收和反馈的可能，而电视——特别是有线电视系统——有可能成为所有这些业务到达家庭的最佳途径。

其次，由于数字技术具有信号质量高、抗干扰能力强的优点，电视系统的全面数字化，可以使电视节目信号质量大大提高。采用模拟技术的电视信号的失真和杂波在传输和处理过程中是积累的，因而经过长距离传输后的信号或多次复制后的信号质量迅速下降；而数字电视信号的失真和杂波不会积累，经过多次处理后，其特性均能保持不变，在数字电视广播中用户接收到的图像质量和声音质量几乎和电视台发送的质量一样。比如，在电视节目的编辑过程中，采用数字式电视技术，经过数次翻录也不会损害电视图像的质量，而采用传统的线性编辑机，每翻录一次电视节目，就会使信号衰减一次，翻录 4—5 次后图像质量就严重衰减，大大影响传播效果。同样道理，在用微波传送电视节目信号时，如果采用传统的讯号编码方式也会引起图像质量的衰减，而采用数字式编码方式，就可以保证电视图像不会在远距离传输中受到损害。

再有，与模拟电视技术相比，采用数字传输技术和数字压缩技术之后，数字电视传输图像所需的传输信道带宽明显地减少。比如以往同一频率上只能传输一个模拟频道的电视节目，而采用数字技术后就可能传输 8—10 套甚至更多的电视节目。在卫星传输中使用数据压缩技术，可以大大提高传输效率。这将使电视经营者的播出费用大大降低，电视节目将更加丰富多彩。电视节目的增加将使电视节目更加个性化。由于数量众多，电视频道别无选择，大多只能走对象化、专业化的道路，除了开办综合频道外，要发展内容更加专业化的频道——如新闻频道、体育频道、电影频道、音乐频道等，还要发展针对不同观众群体的对象化的频道——如儿童频道、妇女频道等，除了经营传统的电视业务外，还要开展新业务——如有偿收视电视、电子游戏下载、远程购物等。

还有，数字技术使电视有可能实现即时、双向、交互式的互动传播。数字电视广播可将一点对多点的“广播”扩展为点对点的交互系统，用户可根据个人爱好去“点播”自己需要的节目及各种信息，这就使交互电视、观众点播成为可能。

在数字音频视频广播、交互式电视、多媒体等新传播技术的开发与应用方面，美国居于世界前列。80 年代后期，美国已着手开发和试验数字音、视频广播。1994 年美国率先在世界上提出“信息高速公路”计划后，它的步伐就更加快了。1994 年 10 月，美国数字广播公司成功地进行了调幅与调频数字广播实验，1995 年美国电信公司规划在其大部分覆盖地区内为用户安装接收数字电视的终端接收机，几家进行卫星直接入户电视广播的公司也都取得了理想的进度，时代—华纳公司进行了被称作是“世界上第一个数字交互式多媒体通信系统”的交互式电视试验，其他一些大公司也进行了许多与交互式电视相关的重要试验。

有专家评论说，数字电视的出现是1954年第一台彩色电视机问世以来电视技术领域的又一次革命。数字革命将彻底改变今日的电视，高清晰度电视只是这一大变革中的第一个阶段。不久，电视机将不仅可以使人们看到电视节目，而且可以成为网络媒体的载体，集大众传播、组织传播、人际传播的功能于一身，实现双向传播，完成电子函件传送、互联网浏览等多项职能。由于数字技术的发展，电视在向公众提供信息和娱乐方面将会发生重大变革，并将在一定程度上改变人类社会的生活质量和方式。

第三节　电视传送技术的发展

电视节目信号的传送主要有两种形式——利用无线的方式或者有线的方式进行传播。

利用微波中继传送电视节目信号

电视怎样进行无线传播？简单地说，就是通过摄像机和话筒把景物反射出来的光线和声源发出的声波变成相应的电信号，并辅之以其他电子设备所生成的文字等电子信号，然后把它们调制到高频电波上发射出去。接收时，通过接收工具的检波、扫描和显像等把视频信号和音频信号还原成景物图像和伴音。电视信号要用超短波以下的波段（包括微波）来传播，超短波的传播特性近似光线，是按直线前进的，一般在视距以内的距离才能收到超短波电视信号。因此电视信号的传播距离通常只有六七十公里，在这个距离之内信号强而稳定，接收质量比较可靠。要扩大传送距离，就要采用“接力”方式，每隔 50 公里左右设一个微波中继站，电视信号在每一站经过接收、放大，再传给下一站。这样一站一站依次传递下去。

一、利用通讯卫星传送电视节目信号

“站得高，看得远”，发射天线越高，电视传播距离也就更远。但是增高天线是有限度的，为了更好地扩展电视信号传播的范围，只有借助于通讯卫星，特别是人造地球同步通讯卫星。通讯卫星的工作原理是利用人造卫星接收从地面发射台传送来的电波，加以增幅，再传送给另外的地面卫星站，以完成远距离地点间的中继传输电话、电视、数据等通讯工作。有了通讯卫星，就相当于有了一个超高的“中继传播站”，通讯卫星接收地面发出的电视信号，经过放大和处理，再把信号发送到另外的一些地面站，实现两地或多地之间的节目信号传送。

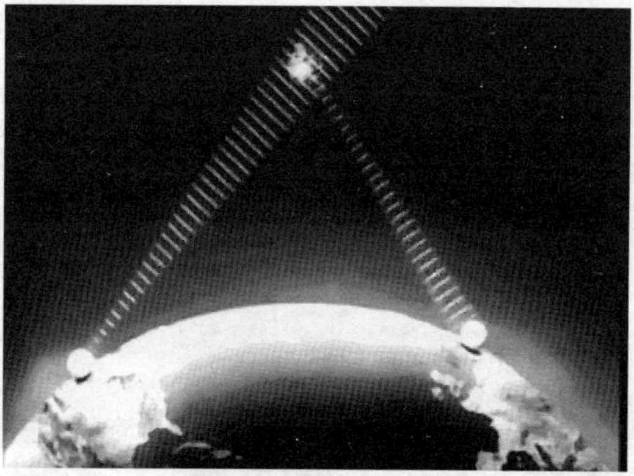

利用通讯卫星传送电视节目信号

1962 年 6 月 19 日，美国航空航天局（NASA）和美国电话电报公司（AT&T）合作发射了“电星1号”，这颗位于600英里低空椭圆型轨道上的卫星首次成功地转播了电视信号，7月10日，反映美国、加拿大、墨西哥等国12城市居民生活动态的电视节目被传送到巴黎和伦敦，再经欧洲电视网传送各国。估计约有1亿欧洲人观看了这个历时22分钟的越洋转播的电视节目。此后，巴黎和伦敦向美国回传了节目。不过，由于这个卫星与地球运行并不同步，相对位置时时变动，美洲和欧洲每天最多只能通讯102分钟。1962年12月13日发射的另一颗非同步卫星“转播1号”原准备转播一次肯尼迪总统向日本人民的演讲，但他于1963年11月22日被刺身亡，日本人民看到的恰是这次悲剧的实况报道。此事引起了美国人民、日本人民和全世界人民的震惊。

与一般通讯卫星相比，同步通讯卫星位置相对固定，它高悬在地球上空，相当于一个约高3.6万公里的超高电视发射塔。1964年8月发射的美国“同步3号”是第一颗固定的、可以从事洲际电视转播的通讯卫星。1964年10月，在东京举行的奥林匹克运动会，就是经“同步3号”卫星将实况转播至美洲和欧洲各地的。这种与地球位置相对静止、可以稳定收发信息的同步卫星覆盖面积可达地球表面的1/3，只要在赤道上空每隔120度间隔发射一颗同步通讯卫星，三颗这样的卫星就可以实现全球性电视传播。

1964年8月20日，国际通讯卫星组织正式成立。1965年4月6日，国际通讯卫星组织的第一颗国际商用同步卫星升空，名为“国际电讯卫星1号”，又称“晨鸟”卫星。“国际电讯卫星1号”的发射成功，标志着世界进入国际卫星传播的新时代。过去，国际性的新闻影片必须利用飞机传送，手续繁琐，时效性又差。有了“晨鸟”之后，重大新闻即可做实况转播。在启用当年，“晨鸟”卫星便转播了72小时的电视节目信号，其中最引人注目的有英国伦敦经济学院学生史密逊与美国副总统汉弗莱关于越南战争的越洋电视辩论；有在苏联基辅举办的世界田径锦标赛；有美国的重量级拳王卫冕战等。1967年7月25日，欧美亚澳等洲的14个国家利用卫星作了一次全球性的电视转播，节目名称是《我们的世界》，延续2小时，观众人数达3.5亿。

此后，系列配套的“国际电讯卫星”陆续问世，通讯能力百倍增强，转播价格大幅度下降，全球电视转播使世界人民大饱眼福。

通讯卫星传送的电视节目信号必须经过地面卫星台、站的转发才能被电视家庭用户观赏

加拿大学者麦克鲁汉曾提出过一个“地球村”的概念。电视和卫星技术的出现，使地球显得越来越小，人类可以借助现代电子科技跨越时空的限制，在地球的每一个角落共时性地享受相同的信息，进行信息的传播和交流。利用卫星传送电视节目信号使得“地球村”的梦想成为了现实。

二、卫星直播电视系统

随着技术的发展，又出现了直播卫星。直播卫星进一步缩短了时空的距离，它使电视节目信号传送和接收的时空更加自由，时空间隔几近为零。电视直播卫星使天涯如咫尺。

电视直播卫星是专门或主要播放电视的卫星。它与一般通讯卫星的根本区别在于节目可以不必经过地面卫星站的中转而直接到达用户家庭。作为电视传播手段，直播卫星既具有一般电视台

卫星电视的重点在于用户“直收”电视节目

的直接性，又具有卫星传送的超长距离和高质量；它覆盖面广，均匀分布的三颗地球卫星可以覆盖除南、北极以外的整个地球；传送的节目频道多，使用数字压缩技术后，一个卫星转发器可以传送8套以上的电视节目；并且卫星电视信号质量高，费用省，效益高，接收越来越方便，因而，卫星电视是电视节目信号传送发展的方向。通过卫星直播电视系统传送的电视节目，我们通常称之为卫星电视节目。①

自20世纪60年代初期，世界各国电视机构纷纷利用卫星直播电视技术，扩大电视节目的覆盖率，造成国际领域内卫星电视节目的竞争日趋激烈。20世纪90年代，世界已进入了卫星电视时代。21世纪将是全球卫星大战的世纪，各国都试图更好地利用这个先进的国际传播手段。

日本在直播卫星的发展方面是先行者。日本广播放送协会(NHK)自20世纪60年代便开始发展卫星直播系统。1984年1月，日本发射了世界上第一颗应用直播卫星“百合花—2a”号，使用这颗卫星进行试验性电视广播，向日本边远地区一些很难接

① 卫星直播电视系统——指一般用户在收看电视节目时，可以使用小型的抛物面天线和附加的微波调节器直接收看卫星传送的电视节目，而不必经过地面电视台、站的接收和转发。确切地讲，卫星直播电视系统重点不在卫星直播电视节目，而在用户“直收”电视节目。

收常规电视台节目的地点传送节目。1986 年，备份卫星百合花—2b 又被成功地发射并送入轨道。NHK 用它播出第二个频道的电视节目。1987 年 7 月 4 日，NHK 第一频道开播一套独立的、24 小时连续播出的卫星电视节目，这使 NHK 成为世界上第一个播出整套卫星直播电视节目的电视台。到 1989 年 6 月 3 日，NHK 的卫星直播电视节目转入正式播出。两个卫星频道均为 24 小时全天候的连续播出。同时，直播卫星也向商业电视打开了市场。1990 年，第三颗日本直播卫星百合花—3a 发射升空。商业性的“日本卫星广播公司”租用了一个转发器于 1991 年开播，24 小时连续播出，其中部分节目加有扰频信号，以便收费。1991 年底，大约 600 万日本用户购置了家庭碟形电视天线。

1974 年，美国发射第一颗国内卫星“威斯塔 1 号”。在“天空开放政策”① 的鼓励下，以卫星频道传送、有线电视系统分配的各类节目公司发展很快。美国的直接入户卫星电视于 1994 年 6 月开办。第一批公司有直播电视公司和美国卫星广播公司，它们均于 1994 年 6 月开办。直播电视公司有 120 万用户，用户可以使用直径 18 英寸的碟形天线直接接收卫星传送的电视节目。美国卫星广播公司有订户 80 万，两个公司共用一个卫星。第三家主卫星公司于 1994 年 7 月开办，订户 110 万，提供多套节目，与前两家公司不同的是，这个公司只提供中等功率的服务，碟形天线直径需达 36 英寸。

---

① 1972 年 6 月 16 日，FCC 发布了《关于建立国内卫星通讯网络的第二次报告和命令》，明确提出了“多数参与政策”，即只要得到确认，能够提供从事卫星通讯业务所必需的财政资格和技术条件，并且其申请符合公共利益，美国国内所有申办卫星频道的申请者均可获得批准，进入卫星传播领域。这项政策是 FCC 的 7 名委员以 4:3 的微弱多数勉强通过的，后来被称为“天空开放政策”，它是美国卫星电视的基本决策之一。“天空开放”政策的实施，也为美国有线电视的飞速发展铺平了道路。

美国把它的直播卫星网扩大到拉丁美洲。在美国的影响下，拉丁美洲卫星直播电视发展迅速。1996 年 7 月 17 日，拉丁美洲直播电视首先在委内瑞拉落地。美国卫星直播业的新发展促进了付费电视业的兴盛，但有时也与有线电视业发生激烈竞争。因为卫星直播电视频道有更好的技术、更低的价格和更灵活的市场策略，它从普通有线电视网中吸引走了不少订户。

1988 年 11 月，法国的 TDF—1 号卫星进入太空轨道。这颗卫星是实验性的，用以检验高清晰度电视等新技术的传播效果，它是欧洲的第一颗电视直播卫星。1991 年，欧洲通过卫星传播的电视节目有 50 多套，其中大部分除了可以采用碟形天线直接接收以外，主要通过有线电视网转播。

中国中央电视台于 1999 年 1 月 1 日开通了直播电视卫星，传送中央台的八套电视节目。中央电视台卫星直播电视的开通，使我国的电视节目信号的传送进入了个体接收、直播到用户的新阶段。

卫星直播电视的发展丰富、方便了人们的文化生活，但是却带来电视跨国传播、越境传播的问题。尽管国际电信联盟和《无线电规则》限定了各国电视节目的本土覆盖领域，但由于直播卫星传播范围极广、用户收视直接方便等技术特征，使卫星电视节目信号“溢出”现象非常严重。要想限制卫星电视的传播范围，将会越来越困难。

日益增加的卫星电视所传播的意识形态、价值观念和生活方式千差万别，伴随着卫星电视直播技术的普及与发展，卫星电视所带来的外来文化必然会对本土文化造成强烈的冲击，这是几乎每个国家都面临着的国际卫星电视带来的文化挑战。如何能够既利用卫星直播电视的技术优势，同时又有效抵御外来卫星电视节目的不良影响，是事关电视发展、也是事关民族素质的大事。只有努力提高电视节目的质量，增强本民族的国民素质，才能促使一切电视传播新技术的应用朝着健康的方向快速发展。

三、有线电视

与无线传送的方式不同，电视节目信号还有另外一种重要的传送方式——有线电视。有线电视是指利用宽频线缆组成传输分配网络，把电视节目传送给观众的电视广播方式。有线电视是由共用天线系统发展而来的，它的发展趋势是逐步演变成为一种综合信息网，它具有双向传输的功能，可以提供多种服务，比如图文电视、电视点播、数据传送以及互联网连接等等。

有线电视最初的功用是改善收视状况，扩大收视范围。1949年有线电视最初出现在美国宾夕法尼亚州与俄勒岗州之间的多山地区，当地居民在高山顶上设立天线，然后将信号用电线传送至各家各户。由于美国当时处于电视台的“冻结”时期，新台不允许设立，于是将远处信号引进本地的有线电视系统的作法获得广泛欢迎。英国早在20年代就产生了有线广播。1936年电视诞生后，英国有些地区因为地形偏远，迟迟看不到电视。于是，50年代初期，有人尝试沿用广播的办法兴办有线电视。加拿大有线电视系统的开办则是为了转播距离不远的美国电视台的节目。所有这些以单纯转播为目的的系统，都只是初级阶段的有线电视。

为了保护地面播放的无线电视，早期各国法令大多规定，有线电视仅限于转播，禁止自己制作和播出节目。由于超高频电视、微波传送和转播台的大量发展，使无线电视信号传送的质量不断提高，长期以来，有线电视的发展一直处于低潮。

然而，随着电视制作和播出设备操作的简化和价格的降低，随着录像机等记录媒介逐步进入社会和家庭，有线电视的优势日益突出。与无线电视相比，有线电视的优势很大：它不受空中电波的干扰，抗干扰能力强，质量高；有线电视容量大，可以同时向观众提供几十套甚至上百套的电视节目，观众选择的余地大；

有线电视可以把各类节目分别固定在不同的频道上，实行频道制，满足观众多样化的需求；另外，有线电视可以设计进行双向交流，根据用户的需求进行针对性的服务。自 70 年代以来，有线电视迅速发展。

各国在发展有线电视事业时经历了各不相同然而大体一致的过程。美国由 60 年代的限制政策转变为 70 年代的开放政策和 80 年代的鼓励政策。联邦德国于 1976 年制定政策，开始让邮电系统按部就班进行有条不紊的建设。日本是世界上电缆系统最为先进的国家之一，虽然不多的有线电视系统用户主要分散在乡村和边远地区，但大部分采用光导纤维和星型分配系统及家庭视频终端，可以发展双向交流节目，用以满足各种不同需要的专项服务。法国政府以国家力量推动有线电视计划的发展，并建立了高科技示范点，向人民进行宣传和教育。英国也逐步调整市场政策，允许有线电视引进外资，自主经营。

卫星电视的出现则进一步促进了有线电视的发展。卫星电视几乎从一开始出现就是与有线电视紧密地结合在一起的，以卫星传送的电视节目常常需要通过有线电视进行发行分配。卫星电视与有线电视相结合，具有广阔的发展前景，一方面，卫星电视为有线电视提供重要的节目来源，另一方面，卫星电视所传送的数量众多的电视节目大多只有进入有线电视系统才能进行有效覆盖，这是一种较为经济、便捷、合理的覆盖方式。卫星电视与有线电视相结合的传送方式正成为电视节目传送的主要方式。

在通过卫星和有线系统进行电视传播的国家中，美国无疑是非常值得注意的国家。它是卫星频道发展最早的国家之一，也是节目市场最为发达的国家。美国政府的有线电视政策经历了由限制到开放的过程。1970 年 2 月 2 日，FCC 公布了全面的《有线电视条例》，将有线电视正式纳入自己的管理范围。1972 年“天空开放”政策的实施，为有线电视的飞速发展铺平了道路。美国的有线电视节目主要分为用户每月缴纳少量接线服务费、节目带有广告的基本类有线电视节目、用户缴纳基本费和某些频道专用费的付费类有线电视节目以及计次付费电视节目（Pay－Per－View，简称 PPV）、点播付费电视节目（Video－On－Demand，简称 VOD）等。

美国最早的基本类有线电视频道是 1976 年 12 月 16 日开办于亚特兰大市的 TBS 超级电视台。其创办者便是后来因创办有线电视新闻网（CNN）而赫赫有名的泰德·特纳（Ted Turner）。最早出现在美国的付费类有线电视频道是创办于 1972 年 11 月 8 日的“家庭影院”有线电视广播公司（Home Box Office，简称 HBO）。1975 年 9 月，HBO 首次使用卫星定时传送节目，此后许多卫星——有线电视系统纷纷开办，并且出现了专门化的有线电视网，如专播新闻、体育、音乐等节目的有线电视网。至 1993 年美国全国共有 1.1 万个有线电视网，其中较著名的有线电视网有“家庭影院”有线电视网、娱乐与体育节目有线电视网（Entertainment & Sports Program Network，简称 ESPN）、有线电视新闻网（Cable News Network，简称 CNN）、“表演时代”（Showtime）、“银幕”（Cinemax）、音乐电视网（MTV）等，有线电视家庭用户达到 5752 万户。

我国的有线电视最早出现是在 1974 年，当时原中央广播事业局设计院等单位在北京饭店安装中国第一个共用天线电视系统，标志着中国有线电视的诞生。近 30 年来，中国已经成为世界第一大有线电视用户国。目前，我国有线电视用户已经达到了八千多万，有线电视网络的里程超过了 240 万公里。有线电视以其频带宽的特点被世界各国专家公认为“信息高速公路的最后一公里”，具有巨大的产业开发价值。当前中国的有线电视正在向数字化、多功能化、产业化和全国联网的方向发展。

有线电视，特别是卫星——有线电视节目的增加，带来了节目的丰富，但也带来了节目互相重复、竞争异常激烈等问题。各电视频道都在总结经验，在积极借鉴其他电视机构成功做法的同时，大多强调本频道的专业化和对象性，走频道制的路子，力求办出自己特色。

本章附录一：数字记录方式与模拟记录方式的区别

20世纪30年代末，克劳德·商农以一个具体的例子来说明数字记录方式与模拟记录方式的不同。他演示了一种能执行逻辑指令、可以处理信息的机器。他的独到之处在于：计算机电路(关代表真，开代表假）如何才能完成逻辑操作。他使用数字“1”代表“真”，“0”代表“假”。

这是一种二进制，一种代码。二进制是电子计算机的ABC，是计算机内对所有信息进行编译、存储和使用的语言的基础。它很简单，但它对于理解计算机的工作方式却至关重要。

想象你有一个房间，而你想要用高达250瓦的电灯来作照明。你希望照明是可调的，即从0瓦照明度（完全黑暗）到最高瓦数照明度（250瓦)。要实现这一点的办法之一就是在一个250瓦的电灯泡上装上一个螺旋式的调光器开关。要达到全黑，只需要反时针旋转调节调光器的旋钮到“关”的位置以获得0瓦的照明度；要得到最大的照明度，则顺时针旋转旋钮到250瓦；要得到中等程度的照明度，则旋转旋钮到中间的位置上。

这个系统易于使用但有其局限性。如果旋钮处在中间状态——譬如，关系亲密的人吃饭时需要把灯光调暗一点——你只能猜测灯光的亮度是多少。你并不真正知道正在使用的瓦数有多少，也不知道如何精确地描述开关的设置状态。你的信息只是近似的，所以很难储存和复制它。

如果下周你想重复完全相同的照明度，又怎么办呢？你可以在开关板上划一个记号，这样你就能知道该旋转到什么地方，但这很难做到十分精确，当你想重复一个不同的设置状态时该怎么办呢？如果一位朋友想要复制同样的照明度时，又该怎么办呢？你可以说："把旋钮顺时针旋转到大约1/5处"，或"转动旋钮直到箭头指向约2点针的地方"，但你的朋友重现的照明度的状态只能近似于你原来的设置状态。如果接着你的朋友又把上面的吩咐传递给另一位朋友，而这位朋友又顺次传达给下一位朋友，情况又会如何呢？信息每被传递一次，保持其准确度的机会就减少一次。

这是一个以模拟形式存储信息的例子。调光器的旋钮提供了灯泡亮度的一种模拟状态。如果旋钮被旋转到刻度表的一半处，那么大概你能得到的是全额瓦数的一半。当你测量或描述旋钮被旋转到什么程度时，你事实上是存储模拟信息（旋钮），而不是亮度信息。模拟信息可以被收集、存储、复制，但它有不精确的倾向而且有每被传递一次就愈加不精确的危险。

现在让我们来看看另外一种全然不同的描述室内如何照明的方法，一种数字式的而非模拟式的信息存储、传输方法。任何种类的信息都可以被转换成只用若干个0和1来表示的数字，这些数叫做二进制数——完全由若干0和1组成的数字。每一个0或1被称为一个比特。一旦信息被转换了，它可以作为一长串比特输入并存储于计算机内。这些数字即"数字式信息"的全部含义。

现在我们假设你有的不是一个250瓦的灯泡，而是8个灯泡，每个灯泡的瓦数都是前一个灯泡瓦数的一倍，即从1瓦到128瓦。这些灯泡全部都连在各自的开关上，并在其左侧配有一个瓦数稍低的灯泡。这种配置可以用下图来表示。

通过打开、合上这些开关，你可以从0瓦（所有开关关上）

到 255 瓦（所有开关打开）逐瓦增加以调整亮度。这可以给你提供 256 种可能性。如果你需要 1 瓦的亮度，则你只需打开最右端的一个开关，它将接通 1 瓦的灯泡。如果你想要 2 瓦的亮度，你只需接通 2 瓦的灯泡。如果你想要 3 瓦的亮度，那么你只要把 1 瓦和 2 瓦的灯泡都接通即可。因为 1 瓦加上 2 瓦等于 3 瓦。如果你想要 4 瓦的亮度，那么你可以接通 4 瓦的灯泡。如果你想要 5 瓦，你只需接通 4 瓦和 1 瓦的灯泡。如果你想要 250 瓦的亮度，那么你可以接通除掉 4 瓦和 1 瓦以外的全部灯泡。

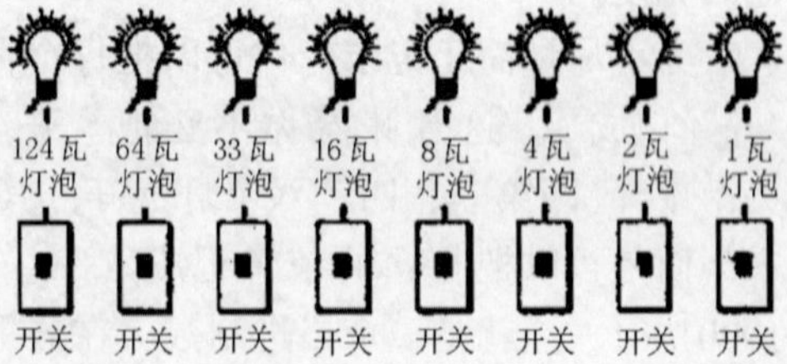

如果你已选定 137 瓦的亮度作为晚餐的最理想的照明光线，你可接通 128 瓦、8 瓦和 1 瓦的灯泡，如右图所示。这种系统容易记录供以后使用的精确的灯光亮度，也容易把这种精确亮度转告给其他拥有相同灯光开关设置的人。因为我们记录二进制信息的方式是普遍一致的——低数字在右，高数字在左，并且总是倍数关系——你不必写下灯泡的瓦数。你只需记录下开关的模式：开，关，关，关，开，关，关，开。有了这种信息，一位朋友可以在你的房间里分毫不差地重现出 137 瓦的灯光亮度。事实上，只要每个参与者都对他所做的一切的精确性进行双重检测，信息就可以被传递到成百万人手里而最终每个人都会拥有相同的信息，而且能够不折不扣地达到 137

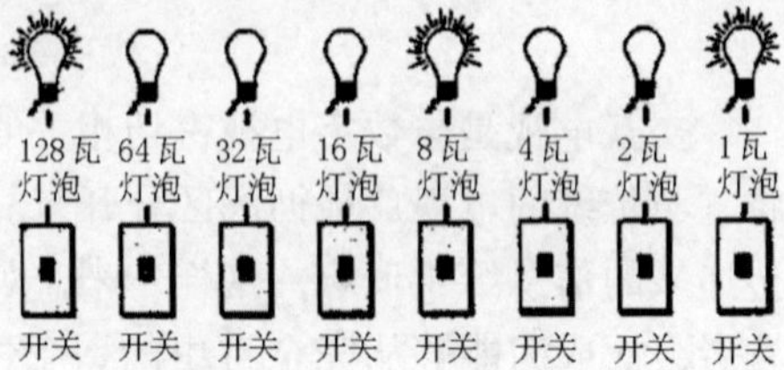

瓦的亮度。

为了尽量简化记录，你可以把每个“关”记成0，而把每个“开”记成1。这意味着你不必把“开，关，关，关，开，关，关，开”（即第一、四、八个灯泡开，其余灯泡关）等字全写下来，而是可以把相同的信息记成1，0，0，0，1，0，0，1，或10001001，这就是一个二进制数。在这里它就是137。你打电话通知你的朋友说：“我已经找到完美的照明亮度，是10001001。试一下吧。”你的朋友通过把每个用1代表的开关轻轻一开而把每个用0代表的开关关掉的办法就得到完全正确的结果。

看起来这种描述光源亮度的方式有些复杂，但这实际上是一个二进制法表达理论的简单例证。

本章附录二：交互电视

交互电视是与数字电视密切相关的，有人希望通过这种说法将它与传统的电视广播彻底区分开来。新的数字系统有望对观众传递来的信息给予反应，这样一来，观众就不再是被动的节目消费者，而成为能够从完全自由的、个性化的消费中获益的主体。人们关心的已不再是怎样收看到尽可能多的节目，而是怎样从大量的节目中选择他们喜爱的一种。

目前主要的交互电视业务有这样几项：

准视频节目点播——这种电视综合使用了多频波段和定时循环节目。后者是同一个节目间隔一段时间后的重新播放。这种收视形式的缺点是观众不能暂停观看节目、倒片或快进，但从另一方面看，准视频节目点播中每个用户的收视费会大大低于视频节目点播，因为后者需要更大量的技术投入。

视频节目点播——这种电视是最具有交互性的数字电视。观众可以从节目单中选择他们喜爱的一种，然后由服务器立即实时予以传输。

电子录像俱乐部——这一系统使用数字压缩技术在同一频率上播放多种节目，经营成本低。这些节目一旦被存储起来，观众就可随时收看。

远程购物——这一形式的交互电视旨在提供一种使购买者能够看到他所订购商品的图像的服务。购买者可以访问目录，即时订购商品，甚至直接付款。在远程购物背后蕴藏着一个极有潜力的服务业。

电子游戏——人们发现占用了青年人大部分空闲时间的电子游戏越来越具交互性。1994 年成立的 Sega 频道提供有线电视服务，观众只要缴纳一定的费用就可以下载游戏节目。与此相类似的服务如游戏频道、游戏演示频道等也在发展。

复习与思考

一、理解电视传播科技进步的历程。

二、评述高清晰度电视、数字电视、卫星电视和有线电视的发展。

第二章

电视发展的历史

自学提要

• 了解电视事业诞生的经过，着重了解 20 世纪前半期电视事业从萌芽状态到初步发展的状况。

• 了解美国电视节目发展的轨迹以及我国电视事业发展的概况，注意理解电视的发展与社会政治、经济、文化状况的密切联系。

第一节　电视事业的诞生

电视 television 的名称来自希腊语，是 tele —“远处”和 vision —“景象”的意思。1900 年 8 月 25 日，法国人波斯基在巴黎国际电子大会上宣读论文，首次使用了 television 的英文名称。这一名词后来取代了以前人们用过的 telephot 和 telectroscope。当时人们预言电视很快便会出现。

然而，直到广播出现多年后，电视才问世。延迟的原因，是电视的技术要复杂得多。耗资巨大的电视事业要逐步地试验，慢慢地发展。在20世纪二三十年代对电视的研究和试验当中，最有贡献的国家是英国、美国和德国。电视事业也是首先在这几个国家诞生的。

一、电视事业的萌芽

1936年11月2日，英国广播公司（BBC）在伦敦郊外的亚历山大宫以一场规模盛大的歌舞开始了电视的正式播出，这一天被认为是世界电视的诞生日。

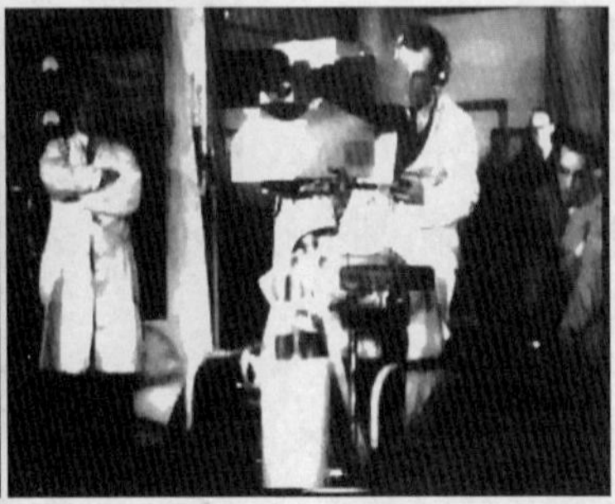

1936年11月2日世界上第一座电视台——BBC开始正式播出电视节目

早在1929年3月，BBC就开始了电视试播。使用的是贝尔德的机械电视系统，开始播出时是无声图像。1930年，BBC播出了声像俱全的多幕电视剧——皮兰德罗的《花言巧语的人》，但是图像质量不好，扫描标准只有30行。1931年，BBC开始致力于声像协同发射的电视实验，并试播自制节目。1935年1月，BBC创设了世界上第一家电视服务机构。

德国奋起直追，也于1935年成立了电视节目机构，并于当年3月22日开始在柏林播出定期节目。希特勒的纳粹德国在电视诞生的仪式上宣布："今天我们迈出了全球电视节目的第一步，我们将完成最伟大、最神圣的使命：把领袖的形象深植于每一德国人心中。"1936年8月，奥运会在柏林举办。德国以极大的力量进行了奥运会电视报道，仅柏林便设立了28个集体收看点，每台电视机前平均有360人；还通过电线向莱比锡等城市传送。十多天的运动会电视观众达16万人。从宣布正式播出的时间来看，德国比英国早。但是，在世界上，没有人把纳粹政府的电视诞生日作为世界电视的纪念日。

1936年柏林奥运会的电视报道

美国没有加入欧洲国家英德之间争当"世界上第一个电视国家"的竞争，但它的电视试播活动开展最早。1928年9月11日，在发明家亚力克山德森的领导下，通用电气公司的电视实验室进行了最初的电视节目试验，他们试播了第一部情节剧《女王的信使》，当时的试验机屏幕只有 4×3 英寸，相当于一张文件卡片或快照照片的大小，声音部分是由 WGY 电台广播的，画面由试验电视台播出。三部摄像机在拍摄中都是不动的，只用特写镜头。其后，播出了一部科幻片，表现纽约市遭受导弹袭击的场面。许多业余发明家用自制的接收机看到了这些演出，尽管它们模模糊糊，比剪影强不了多少。

欧洲其他国家的电视试验也在进行之中。1931 年 4 月 29 日，苏联首次试播电视，并在 1938 年建立了莫斯科和列宁格勒两个电视中心，1939 年 3 月 10 日，莫斯科电视台开始定期播出节目。1932 年，法国在巴黎建立了第一座国营电视台，不定期播放，进行试验。

许多有声有色的历史事件在电视中得到了最初的反映，其中最著名的除了柏林奥运会之外，还有 1937 年 5 月 12 日英国 BBC 转播英王乔治六世加冕典礼的实况，1939 年 4 月 30 日美国 NBC 利用电视播出纽约世界博览会的实况，那次，罗斯福总统致开幕词，成为有史以来在电视上出现的第一位总统。

在 1939 年的世界博览会上，美国总统罗斯福成为第一个上电视的总统

第二次世界大战前进行电视试验的国家只有几个。1939 年 9 月，第二次世界大战爆发。此时 BBC 的伦敦电视台十分成功，英国每周可以卖出500台电视机，到1939年3月仅伦敦地区就已经有电视机2万台。然而，德国对波兰的突然袭击打断了英国的电视事业，1939年9月1日，BBC中断正在播放的米老鼠动画片，开始了延续7年的停播。由于事发突然，公司甚至来不及向观众说明，便径直关机，将机器都封存起来。

战争前后美国电视事业的发展也十分缓慢。NBC的电视播出时断时续，质量甚差，对美国电视的技术标准还在争论不休。1940年，联邦通讯委员会成立了一个各方均可接受的美国全国电视标准委员会（NTSC），以建立统一的电视标准。这个委员会建立的标准后来就被称为NTSC制式。1941年1月，委员会提出了新的标准。据此，联邦通讯委员会（FCC）规定，自1941年7月1日起，美国的电视采用的制式是黑白颜色、525行扫描线、每秒30帧画面，图像采用调幅制，伴音采用调频制，在甚高频段播出。于是，NBC、CBS从1941年7月1日开始定期播出电视节目。此时的美国电视业还极不成熟，只有NBC一家得到了广告赞助，CBS由于技术不过关，还处于试验阶段，电视节目的发展也十分缓慢。1941年12月7日，珍珠港事件发生，美国正式参加第二次世界大战。战争打断了电视事业的进程，美国的电视事业陷于停顿。

世界电视的真正发展是在第二次世界大战之后。一旦遇到合适的条件，富有生机的电视便再度活跃。

二、第二次世界大战后世界电视事业的发展

第二次世界大战对新生的电视事业是一次极大的挫折。英国、法国和苏联的电视台在战争中停播。美国和德国虽然在战争期间维持播出，但美国电视处于停滞状态；而德国的柏林电视台也在纳粹覆灭前的最后时刻被盟军炸毁。

第二次世界大战结束后，那些电视已经初具规模只是因为战

争而使电视事业停播或陷于停顿的国家，像苏联、英国、美国等都重新开始了电视事业的发展。

动作最快的是苏联。1945 年 5 月 7 日，苏联在“无线电节”开始恢复电视播出。1948 年将原先的 343 行扫描线标准改为 625 行，于 11 月开始试播。1949 年 6 月，改建后的莫斯科电视中心正式播出。

法国也迅速恢复了电视试验。1945 年 11 月 8 日，法国政府颁布法令，成立法国广播电视公司（RTF）。从 10 月起，法国广播电视公司开始从艾菲尔铁塔播出电视节目。

英国恢复电视播出的仪式颇有戏剧性。1946 年 6 月 7 日，BBC 从 7 年前停播的米老鼠节目的中断处开始，重新恢复了电视播出。恢复播出时，BBC 本可以改用更为先进的标准，但它最终决定仍然采用原先的设备和 405 行的旧标准。原本英国电视事业的发展领先于其他国家，但是由于战争的破坏，英国的实力已大不如前了。

随后西欧、北欧、南欧各国纷纷开办电视。在西欧，奥地利从盟军手中接管了军队的电视台；荷兰在 1951 年开办电视；比利时、卢森堡、瑞士分别在 1953 年、1955 年和 1958 年正式播出电视节目。在北欧，瑞典 1948 年就开始试播电视节目，1954 年正式播出，但到 1957—1958 年方才通过相应的立法程序；丹麦于 1951 年在北欧第一个建立了电视广播网；挪威经过了 8 年的议会斗争才于 1960 年开办电视。在南欧，意大利于 1954 年正式开办电视；葡萄牙于 1955 年开办电视；西班牙、土耳其分别于 1956 年、1968 年播出电视节目。

大洋洲的澳大利亚在 1956 年开办了电视，新西兰则于 1960 年开办电视。

德国在战后分成了东西两个部分。西德在美国、英国和法国的监督下成长。1952 年，联邦德国开始电视广播。民主德国于

1955年开办电视广播。

东欧国家中，波兰于1953年引进了电视，捷克斯洛伐克共和国1955年正式播出电视节目，匈牙利于1953年开始电视的实验播出，但在1958年才开始正规的电视节目播出，保加利亚1954年就开始试验电视，而正式开办电视则是在1959年11月7日苏联“十月革命”纪念日那一天，罗马尼亚于1957年开办电视。

战后美国的电视台迅速发展，从1946年的6家一下子猛增到108家。由于FCC对这种膨胀的局面缺乏应对之策，不得不于1948年9月起实行“冻结”政策，停止审查和批准新的电视台设立。直到4年后的1952年4月，“冻结”政策才解除。此后美国电视事业真正进入一日千里的发展时期，并率先走向繁荣兴旺。在北美，加拿大人是从收看美国电视开始接触这个媒介的。1952年9月，公营的加拿大广播公司开始独家经营电视广播。

在第三世界国家中，拉丁美洲最先发展电视。在美国的影响下，1950年，墨西哥和巴西正式引进电视。古巴于1950年10月开办电视，成为拉丁美洲国家中第三个拥有电视的国家。

1954年，非洲的摩洛哥开办了电视。尼日利亚于1959年开办了电视。自1962年至1965年，肯尼亚、乌干达、刚果（布）、苏丹、赞比亚、加蓬、科特迪瓦、塞内加尔、加纳和毛里求斯等国都纷纷建立了各自的电视台。

在宗教习俗不那么严格的伊斯兰国家电视开办得比较早。伊拉克于1955年、阿尔及利亚于1956年、埃及和叙利亚于1960年也都开办了电视。

在50－60年代，亚洲国家和地区纷纷建立电视台。菲律宾于1953年、中国于1958年、印度于1959年、印度尼西亚于1962年、中国台湾省于1962年、马来西亚于1963年、新加坡于1963年、巴基斯坦于1964年开办了电视。

第二节 美国电视发展的历程

一、早期电视节目（1945—1952）

从1945年至1952年，对于美国广播事业而言，是一个转型的时期。美国广播事业从由几个大广播网垄断的声音广播系统扩展为既有调幅广播又有调频广播，还有电视广播的庞大事业。从40年代后期起，各大广播网都将关注重心和扶植重点从广播转向电视，纷纷将最好的节目、出色的主持人和大部分资金转移到电视，到1952年，美国电视体系已包括了后来节目的一切要素，人们熟悉的大多数电视节目均已具备了雏形。

（一）戏剧娱乐节目

战后最初的电视节目大多是从广播移植过来，可以看成是加上了一些视觉因素的广播材料。除了某些剧场演出和电影短片以外，大多数的电视节目都是直播的，一天只播几小时，通常是在工作日的晚间。1946—1952年美国开始在白天和周末播放电视节目，电视节目形式也更加丰富多彩，但仍然以移植广播节目为主。依靠广播所总结的经验和广播所造就的人材，还有广播广告所提供的资金，电视节目在种类的多样化方面很快便赶上了广播。从广播移植来的节目有音乐、综艺、戏剧和滑稽表演，有猜谜和一些观众可以参与的节目，还有新闻报道和重大事件等转播特别节目。

电影也是最早被引进的节目。但是，由于各大电影制片厂和独立制片人感到了电视的潜在威胁，拒绝出售1948年以后的影片，电视节目的影片来源并不充足。为了吸引观众从而吸引广告，电视台大力发展戏剧娱乐节目。1949年设立的“艾米”

(Emmy) 奖，起初只颁发给洛杉矶地区的电视娱乐节目，1952年扩大到全国范围，但仍然以奖励娱乐节目为主。

综艺节目蔚为大观。除了体育节目之外，综艺节目几乎垄断了电视网上的黄金时间，原本在广播中就深受欢迎的竞赛类节目被引入到了电视中，由于电视声形具备，趣味性高，增强了愉悦效果，很快也被观众接受。情境喜剧发展迅速，成为电视的支柱，1948—1949年间一批情境喜剧直接从广播搬上了荧屏。最具典型性的一部情景喜剧《我爱露西》出现于1951年，它为后来几十年的电视喜剧奠定了基础。《我爱露西》在电视史上值得注意的地方还有——在还没有磁带录像机之前，《我爱露西》首先采用胶片的方式拍摄系列剧，从而在后来的年代能够一再重播。

儿童节目大多采用戏剧形式，主要类型是西部剧和西部片，片中的主角都是未成年的牛仔。少年观众喜爱的节目还包括具有儿童特点的各种表演——马戏、玩偶和动物等，一直到60年代，这些节目还一直都是儿童们晚饭前“必看”的节目。

无论是就播放的时间之长，还是就观众的数量之多而言，体育节目都属于最热门的一类。起初美国的电视体育节目多是拳击、篮球和保龄球比赛，后来增加了棒球、高尔夫球、赛马等。

(二) 新闻时事节目

在1946—1952年间，广播新闻仍由第二次世界大战中的新闻记者占据要津。电视新闻还没有受到重视，NBC和CBS每天播出的电视新闻仅有15分钟。

不过电视可以便捷地吸收广播的成功经验。电视网播出的第一个新闻类的公共事务专栏节目就是由爱德华·默罗主持、弗伦德里制作的《现在请看》节目，这档节目可以看作是这对搭档一起制作的闻名遐迩的广播节目——《现在请听》的电视版。《现在请看》创办于1951年，每周播出半小时，集中讨论一些具有

脱胎于著名广播节目《现在请听》的电视新闻节目——《现在请看》

新闻价值和引起争议的人物和事件。

50年代初期，政治家开始大量使用电视进行竞选。虽然早在1928年政治家便上了电视，从1948年开始，在拥有电视的大城市中电视台就已经开始报道竞选消息，但真正重要的电视竞选发生在1952年美国总统选举的大选。

二、大发展时期（1952—1960）

从1948年到1952年，是美国电视执照的“冻结”时期。1952年4月，美国联邦通讯委员会（FCC）对新电视台长达四年的“冻结政策”停止了。新开办的电视台顿时如雨后春笋，纷纷涌现，1952年“冻结”结束前美国有电视台108座，到1960年这个数字已经达到530多座。中等城市大多有了自己的地方电视台，而且很快地电视台的分布发展成了一市数台的格局。这些电视台分别依附于不同的电视网——主要是NBC和CBS。广播逐渐被挤出全国市场，到50年代后期便成为地方性的媒介了。

此时的美国广播公司（ABC）还在破产的边缘挣扎。但是1951年与派拉蒙电影公司的合并巩固了ABC的财政地位。1954年，ABC与迪斯尼公司签约，引进了老少咸宜的迪斯尼影片，开办了新的电视节目，例如1954年秋开办了《迪斯尼乐园》、

1955年开办了《米老鼠俱乐部》，这些都是下午的儿童节目。与电影公司的合作改变了ABC不景气的形象，开始对广告商产生吸引力。

彩色电视播出了。在1954年，还仅有NBC播出彩色节目，到1956年，几大电视网的彩色电视播出就已经达到了500小时。

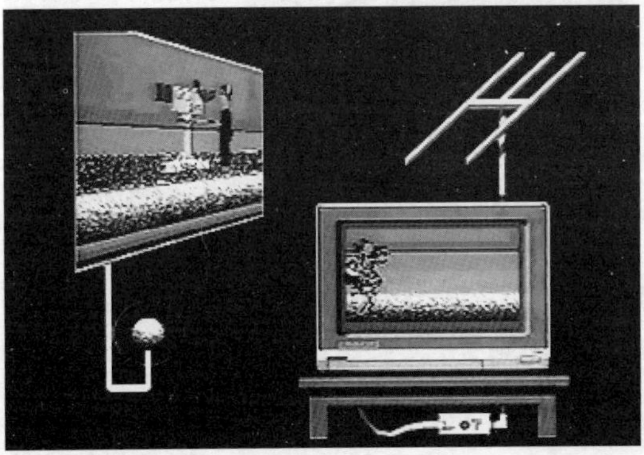

磁带录像机问世之前，大多数电视节目采用直播的方式播出

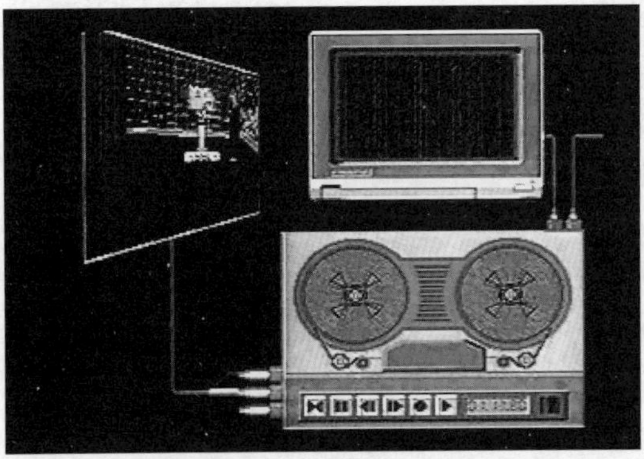

磁带录像机改变了电视的播出方式

录像机也问世了。在1956年美国的安培公司研制开发出四磁头的磁带录像机之前，电视节目的制作方式有两种，一种是用电影胶片拍摄，然后通过冲印以后，再用电子扫描播出；另一种是通过摄像机直接把电视信号传送出去。前者不能直接播出，后者不能记录和重放。到60年代初期，各大电视网都已经改用速度又快、质量又好、使用简便、性能安全的磁带录像设备了。电视节目从直接播出逐步转向录

像播放。1953 年以前，80％的节目是直播的，因而错误较多。到 1960 年，录像节目已占三分之一，画面质量与直播的效果差不多，直播节目的数量急剧下降。

（一）戏剧娱乐节目

四种戏剧节目充斥着电视网的播出时间，白天是连续剧和系列剧，晚上是成人西部剧和情境喜剧。这些剧起先是直播，后来都改为录制了。好莱坞还是不大情愿提供影片，但是在 1956—1957 年间数千部旧故事影片和短纪录片进入了电视网的节目。

这一时期最重要的发明是“电视大观”类的综艺节目。这类节目开始于 1954 年，部分原因是由于彩色电视的试播而产生的。这种大型节目以豪华的布景、绚丽的衣饰、缤纷的色彩和耀眼的明星为号召，一时吸引了大量的观众。一种成功的形式总是会引来蜂拥而至的模仿者，1954 年还只播出 41 小时的“电视大观”类的节目，到 1959—1960 年它的数量已经 6 倍于此。

50 年代中，一阵红极一时却命运短暂的巨额奖金电视游戏热煽起了美国人的好奇心。1955 年 6 月 7 日，《64,000 美元问答赛》开始在 CBS 电视网播出。这个节目的构想也来源于广播节目，在广播节目中竞赛者分步竞赛，每答对一步，便进入下一阶段，奖金随之加倍。不过广播节目奖金的最高额度只有 64 美元，电视节目开出了 64,000 美元的奖金，是原广播奖金的一千倍，这个巨大的奖额所具有的吸引力是无法形容的。与广播相比，电视节目的竞赛形式也更为新颖，采用的隔离式答题间颇有神秘感。《64,000 美元问答赛》的成功很快便引来更多的同类节目，奖金额度也在不断升高。

但是，这种红火并不持久。1957 年年底至 1958 年年初，电视网已很难维持观众发烧般的热度了。从各个角落里传出节目作弊的流言，真实情况曝光了。1958 年 8 月，一些竞赛者承认相关的电视节目中有舞弊行为，其中一人还向 FCC 写了信。几天之内，大约20个竞赛节目一齐从空中消失了，这成了电视界最大的节目丑闻。电视网首脑称不明内情；节目制作人认为电视观众根本不懂商业电视的目的和手法；广告商则保持沉默。最高法院和FCC作了调查，结果不了了之。但由此却引起了行业内部的震惊浪潮，使许多人对电视节目制造高压力和投入大赌注的做法产生疑惑，尤其是对为追求高收视率而取悦广告客户的做法是否值得感到疑惑。

（二）新闻时事节目

几大电视网之间的竞争是剧烈的。1953年6月，英国女王伊丽莎白二世的加冕典礼在伦敦举行。纽约和伦敦之间6个小时的时差和越洋传播的先进手段使美国人得以在事件发生12小时之后，在黄金时间看到了典礼的电视实况纪录片。此外，1956年的苏伊士运河之争和匈牙利事件，1959年苏联总理赫鲁晓夫访问美国，与美国副总统尼克松进行“厨房辩论”以及赫鲁晓夫在联合国大会上用鞋底敲击桌面的电视转播，都使美国人看到了世界政治的奇特景象。

同时电视开始广泛地介入到社会生活的各个方面，甚至对政治产生决定性的影响。这一点在美国总统竞选的过程中，表现得最为明显。美国借助电视进行总统竞选，始于1952年。从1952年总统选举时起，美国政治家开始关注“电视形象”。1956年，健康状况不佳的艾森豪威尔大量使用电视形象以亲近选民，而不必参加许多活动。电视节目采用5分钟的竞选广告，跟在压缩了的娱乐节目之后播出，而不是采用半小时的政治节目取代观众热爱的娱乐节目。在这次大选中，用于电视广告的费用第一次超过了广播广告的费用。

1952年，共和党副总统候选人尼克松被指控动用了数千美元贿赂给他的秘密竞选资金会，从而引起舆论大哗。总统候选人艾森豪威尔将军已打算抛弃这位竞选伙伴了。但是，尼克松要求

艾森豪威尔竞选美国总统的电视广告

给他一次洗清自己的机会。1952年9月23日，电视播出了这次后来被称为“切克尔斯”的讲话，因为这次讲话涉及一只名叫“切克尔斯”（意为黑白相间的一种图案）的黑白斑点的小狗——这是一只宠物狗，是崇拜尼克松的人送给他女儿的礼物。在这半小时的讲话中尼克松不用讲稿，首先解释了他的财政情况，表示从未有任何使用资金不当的地方。然后提到礼物，尼克松说，他们一家人无论如何也不退缩，并要不避嫌疑地留下这只可爱的小狗。这种人情味的诉求打动了电视机前的观众。直播尚未结束，支持的电报和电话已经纷纷打来，结果尼克松赢得了选民的同情和艾森豪威尔的信任，从而转危为安。如果说“切克尔斯”式的电视讲话在1952年帮助了尼克松的话，那么，在1960年美国总统大选来临的时候，电视这一强有力的媒体站到了他的对手一边。

尼克松对肯尼迪：美国历史上总统候选人的首次电视较量

电视辩论中肯尼迪挥洒自如

民主党总统候选人肯尼迪1960年的当选，在很大程度上是借助了电视注重外在形象的特征。肯尼迪出身于一个富有的家庭，既不为公众所熟知，又信奉天主教，因而具有天生的不利条件；但健康而富有魅力的电视形象弥补了他的不足，他在电视上表现潇洒。而共和党候选人尼克松一向不重视他的电视顾问的意见，而且显然因为1952年“切克尔斯”讲话的成功而自以为电视技巧良好，大意轻敌，结果吃了大亏。

四轮大辩论是美国历史上首次总统候选人面对面的电视较量，在世界上也属初试。1960年9月26日，第一轮辩论由三大电视网同时直播。肯尼迪和尼克松两人年龄相仿，但电视上的肯尼迪显得朝气蓬勃、轻松自如、自信而直率，而尼克松却显得疲倦和厌烦。尼克松穿了一件与背景颜色相近的浅色西装，使他看

尼克松在电视辩论中断送了竞选前程

上去不太突出，而且缺乏活力；刚刚做完的腿部手术也使尼克松不能长时间站立，频繁更换支撑腿的动作给人的印象是他非常局促不安，而两人站着辩论的方式是肯尼迪选定的；尼克松习惯性地多汗，在演播室的强光下更是如此。由于尼克松对电视辩论的忽视，电视中的一切似乎都变得对尼克松不利。尼克松本已在民意测验中领先，但第一轮辩论便断送了他的竞选前程。虽然他后来几次表现略好，但已回天无力。十分有趣的是，听实况广播的人认为两位候选人旗鼓相当，尼克松甚至略占上风；然而，更多的人是看电视而不是听广播，他们凭形象认为肯尼迪胜出。最后的结果是——肯尼迪以微弱多数获胜。

三、成熟时期（60 年代—70 年代）

自从 60 年代以后，电视节目的形式进入缓慢演变的时期，虽有变化，但并不明显。倒是围绕节目的事件引人注目。由于引进了录像节目，实际上所有的直播节目都消失了，录像带取代了胶片。到 1965 年，所有的电视网节目都彩色化了。

（一）戏剧娱乐节目

1961 年，NBC 开办《星期六晚间影院》栏目，在黄金时间播放一部相当新的影片。其收视率之高，立刻吸引其他电视网照搬经验。到1967年，电视网在黄金时间播放的电影已达每周12小时。很快地，每个电视网每晚至少要放一小时各种形式的电影片——喜剧、正剧、音乐剧。由于影片不能满足电视巨大的播出量，NBC在1966年设置了《世界首映式》栏目，播放专门“为电视制作的影片”。这种90—120分钟的影片按电视的日程表在几天之内制作完毕，而不像电影那样耗费上几个月，因而节省了摄制费用，而这些电视影片又比通常的电视连续剧更加吸引人。其他电视网立刻跟进NBC的做法，到1972年当年三大网播出的电视影片已经达到100部。70年代上半叶，这种电视影片既作为系列节目，又作为故事影片，通过电视和电影两种渠道发行国外，都获得了成功。美国电视电影的销量年年成倍增加，美国迅速占领了世界电视节目市场。

60年代末，竞赛类节目在白天很兴盛，一度曾超过连续剧。比赛节目主要有三种形式：一种以观众参与为主，一种以明星或专家的表演访问为主，还有一种带有博彩性质。同时谈话类节目也开始风行，比如NBC的《今天》栏目主要围绕新闻和特写故事进行，地方台的谈话节目则主要谈家庭主妇关心的话题，许多男女明星在这类节目中担任主持。体育节目则占据周末和平时白天的大段时间，从1964年起，ABC以高价多次购得奥运会的转播权。

（二）新闻时事节目

1963年9月，电视网的晚间新闻节目都从15分钟延长到了30分钟。三大电视网的名记者和主持人之间进行着激烈的竞争。在60年代，大半是CBS的晚间新闻节目主持人克朗凯特与NBC的亨特利、布林克利搭档相互竞争。克朗凯特以其近乎完美的表现成为美国电视观众最信任的人。NBC的亨特利在1971年退休之后，他的位置被钱塞勒取而代之。在三大电视网中，ABC的新闻节目长期居于落后的位置，在1976年ABC以百万美元的酬金获得了 NBC《今天》节目的女主持人沃尔特斯后，情况才有了改观。

60 年代后期，白天的新闻节目也逐渐增加了。为了报道其他遥远地方的新闻和体育事件，电视网开始使用通讯卫星。70 年代中期，电子新闻采集设备（ENG）得到广泛采用，它灵活便捷的特性促使各电视台纷纷将设备改为真正彻底的电子系统。到 1976 年，电视网顶着地方台的压力，尝试将新闻节目扩展到 45 分钟、60 分钟。在这一时期，发生了许多惊心动魄的新闻事件，电视媒介也变得更加独立。

肯尼迪葬礼的电视转播

新闻节目时间开始延长还不到几个月，就发生了大悲剧。1963 年 11 月 22 日，传来了肯尼迪总统在达拉斯被刺身亡的消息。各电视网立刻中断日常节目的播出，投入对这一重大事件的详细报道。对已故总统的悼念，继任的约翰逊总统最初的活动，嫌疑犯奥斯瓦尔德被枪杀在机场的情景都被直播，最后是给人带来巨大情感冲击的阿林顿公墓的葬礼仪式。整整四天，美国公众被电视屏幕牢牢地吸引了。据 CBS 调查，肯尼迪总统葬礼时，美国 93%的电视机开着，平均每家连续开机 13 小时。

而达拉斯的枪声只是开始。1968 年 4 月，电视网报道了马丁·路德·金被刺后黑人区的骚乱。两个月后，罗伯特·肯尼迪在加州预选获胜的当晚遇刺身亡，电视网一直跟踪报道医院抢救的情景和最后这位参议员的死讯。对两位肯尼迪的葬礼来说，都是电视而不是其他的传统媒介带给人们印象最深、最有代表性的报道，电视报道成为整个事件当中不可分割的一部分。这些突发事件具有标志性的意义，从此之后，美国民众更多地开始通过电视，而不是其他大众传播媒介获取越来越及时、丰富的新闻讯息。

阿波罗 11 号的太空飞行更像一次壮观的电视演示

电视中最令人兴奋的时刻之一是太空飞行。1961 年，美国载人飞行成功。虽然观众看到的只是发射情景，仍兴奋不已。在 1962 年的载人飞行的几个小时的全国报道中，每分每秒都牵动着观众的心。1963 年 5 月，通过宇航员的视角，电视镜头让人们见识了在飞船轨道上看到的地球。1965 年，电视直播了太空行走的实况。1968 年圣诞之夜，人们首次通过电视，以“阿波罗 8 号”的宇航员的视角从近处看到了月球表面。七个月后，“阿波罗 11 号”将人送上了月球，1969 年 7 月 20 日美国东部时间下午 4 时 17 分，登陆器在月球着陆了。此时，甚至连平时很善于控制感情的克朗凯特也掩饰不住他的兴奋。一架小小的电视摄像机直播了现场实况：在几个小时中，宇航员在月球上走来走去，他们通过电视与总统对话，在月球表面

“栽”下了美国国旗。借助通讯卫星，美国人民，还有世界人民，同时看到了这一旷古奇观。阿波罗11号既是一次成功的探索性飞行，也是一次人类传播史上最为壮观的电视演示。从观众规模来看，它标志着一个新的传播时代的到来。借助通讯卫星，全球7.2亿电视观众同时看到了这一旷古奇观。由于采用了彩色电视，太空活动的报道更增添了视觉趣味。

电视使全球1/5的人口同时看到了人类首次登上月球的壮举

电视新闻报道、电视纪录片以及其他电视节目形式记载了60年代美国社会的每一关键时刻。它报道了人权运动，也报道了种族主义骚动和校园政治动乱。有些人说，正是电视，导致了或至少是酝酿了这些社会灾难。当电视摄制组带着摄像机和灯光设备出现在骚乱现场的时候，往往会引起更为剧烈的暴力行为和冲突。想要宣传自己主张的个人和团体，则往往将可能发生的冲突预先告知新闻媒介——特别是电视网，以期引起更多的社会关注，产生更大的社会影响。

除了种族冲突，最重要的新闻是越南战争。这是一场美国历史上最长的战争。在这场电视记者第一次亲临现场的战争中，电视起到了很大的作用。在美国最初卷入时，是电视把这场战争带入美国人的家庭，因而它被称为“客厅里的战争”。在七年多的时间里，每家每户坐在客厅的电视机前就餐的同时，观看着美国军人和越南士兵的互相射杀——日常生活与生死搏斗融为一体。有学者指出，正是电视报道使许多美国人从主战的立场转向对战争行为的深层思考。

电视新闻和纪录片（尤其是 NBC 和 CBS 的相关节目）越来越倾向于触及尖锐敏感的问题，并提出一些重要的具有深刻现实意义的话题，引起社会的广泛关注。随着电视越来越深入地介入人们的生活当中，人们对电视的依赖性不断加强。观众把电视作为最可靠的信息来源，电视网开始意识到电视应该肩负起更多的社会责任。到 70 年代中期，人们意识到电视的作用远远超过单纯地反映现实，新闻媒介决不仅仅是专业性的工作，电视改变着社会。

四、地位下降（80 年代）

80 年代的观众发现，虽然电视的技巧更复杂、质量更高超，但是电视的节目形式较之 60 年代和 70 年代，变化并不大。由于收视率的巨大压力，电视疯狂地追逐成功的样式。部分地由于调查研究方法的改进，节目也更有针对性了。

电视制作费用大大地提高了，节目制片人的风险增加了，节目销售成了问题。由于独立电视台和有线电视网大量出现，加上 FCC 于 70 年代发布《黄金时间进入规则》，鼓励地方电视台播出自己安排的节目。80 年代，专门为非电视网附属台制作、提供给电视节目公司发行的节目大大增加。传统的三大电视网则竭力寻找热门话题和走红新星，以提高收视率。

（一）戏剧娱乐节目

西部片已经衰落。观众对科幻片也不再狂热，特别节目却时兴起来。所谓“特别节目”，是指精心制作的大部头连续节目，常常是“巨片”。例如 ABC 在 1983 年播出的两部电视连续剧——18 小时的《战争风云》和 10 小时的《荆棘鸟》，都是在成功小说基础上改编的电视影片，精心拍摄，耗资巨大，反响热烈，大获成功。

肥皂剧进入晚间的黄金时间。1978 年春天，CBS 播出了电视影片《达拉斯》，由于大受欢迎，秋季就编演成电视连续剧。1981 年 ABC 推出了《王朝》，反映石油富豪的家族矛盾，富丽堂皇的布景、豪华绚丽的服装和扑朔迷离的情节非常吸引观众。这些节目在商业上都大获成功。

半小时的情境喜剧一直是占据黄金时间的节目品种。这类节目采用一批固定演员，在录制时加上笑声，借以烘托气氛。1976 年 ABC 播出了两小时的特别节目《爱之船》，该片以其轻松浪漫的风格吸引了大批观众，一直播放到 80 年代中期。另一类风格的情境喜剧《M ＊ A ＊ S ＊ H》讲述关于陆军医疗队的故事，于 1972 年在 CBS 播出，连播 11 年，收视率最高达 60.3%，市场占有率达 77%。

（二）新闻时事节目

在所有时间段，新闻节目都更多了。节目来源越来越广，观众看到的新闻也越来越多——但不再局限于大电视网的新闻。地方新闻常常最先报道当地发生的事件；有线电视新闻网（CNN）则全天播放各种各样的新闻事件；公共电视网（PBS）每天一小时的新闻节目也吸引了越来越多观众的注意。新闻节目也可以吸引大量观众、吸引广告、吸引财源了。

在 60 年代初期，电视网还只在工作日播出新闻，每天播出 15 分钟。地方台则为观众提供半个小时的新闻节目，除了转播电视网节目之外，还加上本地新闻、气象消息和体育新闻。到了 70 年代，电视网每天的新闻是 30 分钟，星期日还有 15 分钟的新闻综述节目。地方台包括转播在内的节目时间则是一小时。到了 80 年代，电视网全天插播简明新闻，滚动播出；晚间新闻是其主力；还要加上早晨的特写软新闻和夜晚的访谈评论节目。夜晚的访谈评论节目已经取代报纸成为大众话题的议程设置者。地方台则将每天的新闻汇总，在早晨、中午或夜间娱乐节目结束后播出，有时一天总长两小时。对新闻节目需求量更多、目的性更强的观众可以收看以新闻为主的全新闻频道或是全天播放体育、财经新闻的专业新闻频道。

新闻量的增加得益于技术的改进。新闻的载体从传统的胶片变为录像带，采录设备则变为便携式电子新闻采集系统——ENG，远程传送有微波，还有卫星，有的电视台也用飞机充当信号的中转站。到了80年代中期，卫星新闻采集设备——SNG得到越来越多的采用。SNG是ENG和卫星发射接收天线的结合，实际上等于一座小型的流动电视台。

借助先进的技术，有线电视新闻终于正式登场。1980年6月，美国有线电视新闻网（CNN）正式开播，经过相当长时期的负债经营，终于站稳了脚跟。1982年年初，CNN开办第二频道——《重要新闻》，每半小时更新一次。CNN的老板特纳表示，观众什么时候都可能需要新闻。CNN显然想在这方面更好地满足观众的需求。

新闻节目关乎电视机构形象，是最重要的电视节目类型。各大电视网和地方电视台纷纷将主要精力用于新闻竞争。1977年，ABC经过几次更换人选，最终选定了詹宁斯作为固定的晚间新闻节目主持人。而另一名新闻节目主持人科佩尔主持的《夜线》节目也成为ABC的名牌栏目。80年代，CBS出现衰落的趋向，默罗传统和克朗凯特形象的号召力不复存在，固定观众的年龄越来越大，新闻节目的经费持续减少。NBC的汤姆·布罗考长期以来担任《今天》节目的主持人。1982年，他顺理成章取代了退休的钱塞勒，主持晚间新闻节目。随着NBC新闻节目收视率的上升，布罗考成为全国电视网头牌主持人。

电视网30分钟新闻报道节目的时段和长度保持不变。长纪录片的数量则严重下降。幸存下来的大多是软新闻的故事，而调查性报道则数量很小，但仍然有些引起了法律诉讼。各大电视网更倾向于90秒钟左右的新闻报道。较软的新闻形式更加成功，像CBS的《60分钟》十分兴旺，几十年中占据要津，它以3—4个新闻故事组成一期节目，大多是软性新闻，它的模式引来许多的模仿者，例如ABC的《20/20》。

电视新闻的焦点更多地聚焦于恐怖活动，批评家们担心，电视报道鼓励了恐怖活动。军事报道变得困难重重，当局吸取了越南战争开放报道的教训，不再轻易给电视记者以机会。在海湾战争中，军方同意各种媒介组成联合报道组，共同采访，还制定了采访指南，对记者的行为做出种种限定。美国新闻媒介发现它们的报道完全受到军方支配。

航天飞行已经变为常规的活动了，它不再受到特别的关注。但“挑战者”号是个例外。1986年年初，“挑战者”号航天飞机升空爆炸时，只有CNN一家在进行实况转播，后来三大网才加入了报道。

“挑战者号”失事时只有CNN在进行现场直播

体育节目转播费越来越高。1980年在苏联举办的夏季奥运会，由于美国的抵制，致使以8，500万美元购得转播权的NBC损失了2，500万美元。到1988年，NBC付出3亿美元，才赢得汉城奥运会的转播权。甚至连比较热门的校际比赛，有时也要投标竞争转播权了。

从某种意义上说，美国电视是世界电视的一块试验田。由于电视是一个传播很广、复制性很强的行业，美国电视节目的发展是有代表性的。美国电视节目演变的历史可以看作是整个世界电视业的一个缩影。

第三节 中国电视发展的历程

中国电视诞生于“大跃进”年代，中国电视的拓荒者是在简陋的客观条件与高涨的革命热情的巨大反差中开始其艰辛而曲折的创业道路的。在“文化大革命”中，电视事业遭受挫折。70年代末实行改革开放以来，大步前进的中国电视在客观情势与主观觉悟的双重推动下开始谋求独立发展。80年代，中国电视全面崛起。90年代，电视在高新技术领域中奋起直追，同时，在进入市场经济的过程中，中国电视体制正在经历深刻的变革。

一、中国电视事业的萌芽期（1958—1966）

1958年5月1日，中国第一座电视台开始试验播出，这就是中央电视台的前身，因为局限首都一地，被称为“北京电视台”。当时北京市内仅有电视机五十余台。10月1日，中国第二座电视台——上海电视台问世。12月20日，哈尔滨电视台（今黑龙江

1958年中国第一座电视台——中央电视台的前身北京电视台开始了实验播出

中央电视台开播时的呼号是北京电视台

电视台的前身）也赶在新年前与观众见面了。这是中国最早一批电视台，它们的出现标志着中国电视事业的诞生。

中国电视事业的诞生得到了当时“社会主义大家庭”的大力促进和积极帮助。中国最初的电视技术骨干留学东欧。中国电视工作者按照苏联、东欧的模式塑造了中国电视节目的面貌。中国最早一批“北京”牌电视机是仿照苏联“旗帜”牌电视机试制的，后来则从前苏联进口电视机，并开始批量生产主要由进口零件组装的“上海”牌电视机。50 年代前期，中国同社会主义各国之间的广播电视协作是相当密切的，但自中苏意识形态论战后，两国间的关系不断恶化，60 年代，前苏联和东欧国家节目在中国几乎完全消失。

北京电视台创办之初，只能覆盖北京市的部分地区，但它仍被视为中央级的电视台，担负着全国性的宣传任务。中国电视注重思想教育，“宣传政治”、“传播知识”和“充实群众文化生活”是其宗旨，“寓教于乐”是对所有节目的要求。

早期的电视新闻节目是非常简单的。中央新闻纪录电影制片厂摄制的《新闻简报》是电视台长期的、经常的和大量的新闻节目来源。1960 年元旦，北京电视台设立了固定的《电视新闻》专栏，专门播放自拍的新闻片和纪录片。于是，有人称这一时期是“新闻纪录片时代”。比北京电视台条件更差的地方电视台大多只能口播新闻或者用图片报道支撑新闻节目。一些电视台自拍的少量新闻片尚需送北京洗印。北京电视台也向外地发放电视片拷贝，不过大量宣传性的电视片时效性甚低，而且面貌雷同。

中国第一部电视剧《一口菜饼子》没有留下画面资料，只留下文字脚本

当时大多数电视观众是在集体场所买票观看的。对于他们来说，电视主要是娱乐工具。他们主要奔“正片”而来，目的是观赏压轴的故事影片和戏剧转播。电影和戏剧转播在电视节目中占有极大的比重。因此，早期电视又被称为“缩型影剧院”。电影常常先在电视上播放，后在影院放映；剧院演出尽可转播，收费低廉。

1958 年 6 月 15 日，北京电视台播出了第一部电视剧——《一口菜饼子》。上海电视台、哈尔滨电视台以及 1959 年成立的广州电视台（今广东电视台的前身）等也相继播出了自己编演的电视剧。新生的电视剧在迅速反映现实、满腔热情地歌颂时代精神方面发挥了轻便灵活的特长，但创作思想狭窄，存在简单肤浅的毛病。早期电视剧采用现场直播，形式更接近舞台剧而不是电影。

在“敢想、敢说、敢干”的1958年，人们对新生事物兴趣极大、热情极高。在“广播工作大跃进”的口号鼓舞下，电视会战在一批条件并不成熟的大中城市遍地开花。然而，随着经济困难的出现，电视大跃进遭到挫折。中国电视事业进入了低潮时期。在困难时期，北京电视台举办过三次以“有益无害”为宗旨的“笑的晚会”，引起热烈反响，也引起很大争议。在“左”的偏激思潮中，“笑的晚会”遭到否定。1963年，北京电视台与英联邦国际新闻影片社（后曾称“维斯新闻社”，现归属路透社）建立了新闻交换关系。此后，《国际新闻》栏目因片源增加，报道面拓宽，时效也增强了。早在1960年，北京、上海等地的电视台就开办了电视大学。但1966年开始的“文化大革命”打断了电视教育的进程。

二、“文化大革命”造成电视发展的挫折（1966—1976）

“文化大革命”开始时，北京电视台的制作条件已经大为改善，可以播出配好解说及声音效果的合成片了。早在1964年5月，用微波在城市之间传送电视的试验便已成功。1966年初，北京电视台已开始使用电视录像设备。后来，彩色电视取代了黑白电视，初步建立了全国性的电视节目传送网。但是，在“文革”阶段，事业建设和业务改进的问题并不具有重要意义，政治才是冲击一切、压倒一切的中心。

北京电视台以惯常的政治热情投入到“文化大革命”制造舆论的宣传活动中。新制订的审查标准是严厉的，属于帝王将相、才子佳人、谈情说爱、资产阶级人道主义等等的“坏节目”一律不播。知识类节目被扣上封建主义、资本主义、修正主义的帽子扫地出门。一花独放，一家独鸣，电视文艺百花凋零。包括北京电视台在内全国大多数电视台都曾短暂停播。

此时，与中国来往的多是一些“左派”共产党人和被压迫民族的激进领导人，而在那些对“好斗的”中国疑惧参半的中间国家，中国寄送的电视片长期无人问津。

1968年前后，被迫停播的省级电视台在新成立的革命委员会的指令下陆续恢复。至1971年，全国的电视发射台和转播台总计已达80座。电视节目由各省会、自治区首府向外辐射。国家公用通讯网络的微波中继干线也发展起来，成为远距离传送电视节目的主要通道。

此时，国内国际的情况都发生了变化。林彪事件发生前后，“左”的做法开始遭到厌弃。1972年2月，美国总统尼克松对中国的访问，不仅打开了中美交流的大门，也打开了中国电视界的视野。尼克松的到来，特别是跟随他的美国三大广播公司庞大采访队伍及卫星通讯设备的到来，给中国彩电研制动摇不定的天平加上了决定性的砝码：中国放弃了劳而无功的自创制式的努力，转而从国外引进技术设备。

1973年5月1日，北京电视台面向首都观众的彩色电视正式试播。8月1日，上海电视台试播彩色电视。天津电视台、成都电视台（现四川电视台的前身）也先后开办了彩色电视。不久后，北京电视台的彩色电视即可通过京津、京沪微波线路向外地传送。至1975年初，北京电视台向外地传送的节目已由彩色、黑白交替播出改为全部彩色播出。

1976年是中国政治转折的一年。周恩来逝世，“天安门事件”，毛泽东逝世，“四人帮”被粉碎，这些重大新闻一次次通过国际通讯卫星向世界播发。其后的社会舞台为电视的发展提供了新的广阔前景。

三、改革开放的新时期（1976—1992）

1976年10月的政治变动，给中国电视带来新的生机。各类节目都在恢复和发展当中。自1979年改革开放，进口电视机成批涌入，渐渐成为最抢手的家用电器商品。电视机生产流水线开始引进，“电视热”四方蔓延。

第一期《新闻联播》节目的稿件

早在1976年底，北京电视台的彩色电视节目已传至全国除西藏、新疆、内蒙古三个自治区以及台湾省以外的26个省会、自治区首府和直辖市。一个全国性的电视广播网逐步形成。

1978年元旦，《全国电视台新闻联播》（简称《新闻联播》）正式设立。1978年5月1日，北京电视台正式改称“中央电视台”，英文缩写CCTV。同天，西藏电视台试验播出。一年后，北京市开办了电视台。至此，“北京电视台”的含义改变。省级电视台中原以省会城市命名的，纷纷仿效中央电视台的榜样，将电视台改换省的名称以“正名”。

（一）影视节目的繁荣

在社会大变革的时代，一向和睦相处的电视开始和电影及其他艺术部门发生了矛盾。1979年六、七月间，中国电影发行放映公司断然停止向电视台供应新故事影片，不少剧团也随之提高了对电视录制新戏的收费标准。而在此时中央电视台每晚两个半小时的节目中，一部电影占去将近两个小时，除此而外只需稍加一些电视新闻影片和专栏节目，大多数省级电视台则仍以转播中央电视台的节目为主。然而，只讲风格、不计代价的年代已经过去，经济杠杆开始调整行业关系。1979 年 8 月文化部改革电影发行放映管理体制，电影失去了完全依赖“皇粮”的特权，顿生后顾之忧，而电视事业日新月异，随着电视节目，特别是电视剧的发展，自 1981 年始电影各项发行放映指标逐年大幅下降，电影界感受到来自电视的威胁正日益迫近。

电视以“海纳百川”的气概“汇天下之精华”还是 80 年代后的事，在 1979 年，电视正面临着断粮的危险。没有了依赖，电视界下决心走自己的路，从长期等待外援“要饭吃”走向独立自主办节目。从此，全国电视台开始了向电视剧集体进军，同时放眼海外，进口影视片，以解燃眉之急。电视招兵买马，渐渐崛起于众强林立的中国文化艺术界。戏剧界比较早地感到与电视界合作的必要性。1982 年 1 月，由著名戏剧家金山发起的电视剧艺术委员会成立了，电视艺委会的出现推动了电视剧社会化的进程。

新时期的中国电视剧出现于 1978 年，1979 年中央电视台共播放了 19 部各地制作的电视剧，到 1980 年国庆节，中央电视台组织了以电视剧为中心的全国电视节目大联播，成绩斐然，其影响也轰动一时。从 1983 年开始，全国优秀电视剧评奖被命名“飞天奖”，“飞天奖”成为中国电视剧的权威奖。浙江出版的《大众电视》杂志也于 1983 年设立了“大众电视金鹰奖”，以群众投票的方式评选优秀电视剧和优秀演员。

几年之间，电视剧成倍甚至成十倍地增长。1982 年后，一长一短两极发展的系列短剧、小品和电视连续剧打破了单本剧一枝独秀的局面。电视剧制作单位也由电视台扩展到社会力量，商业性的赞助开始了。但是，在数量丰收的同时，电视剧艺术根底浅的缺陷也暴露出来，选题重复、质量粗糙的问题时有所见。

在“不好不坏，又多又快”的1985年，一部雅俗共赏的《四世同堂》鹤立鸡群，使北京电视艺术中心声名大振。此后，实力雄厚的北京电视艺术中心不断推出振聋发聩的新作。从1986年开始，中国电视剧生产实行“制作许可证”制度，随着社会各界的积极参与，中国电视剧的质量迅速提高，形式日趋多样，风格各有发展，而数量也飞速增加。《西游记》、《红楼梦》等根据古典文学名著改编的长篇电视连续剧虽耗资巨大，但影响空前，在海外也受到广泛欢迎。80年代末，中国电视剧开始了商业性输出。

1979年1月28日（农历正月初一），上海电视台播出了中国电视历史上第一条商品广告——1.5分钟的《参桂补酒》，3月15日晚上又播出了第一条外商广告——一分钟的《瑞士雷达表》。广东电视台随即跟进，在春季“广交会”前后播出了广告节目。到1979年11月有关部门正式批准新闻单位承办广告，于是中央电视台也于当年12月在两套节目中同时开办广告。广告虽然不讨观众喜欢，但它为电视提供了经费，注入了活力，促进了电视节目的丰富和繁荣。

1980年新年伊始，中央电视台播放了自己译制的法国故事片《红与黑》，紧接着每周一集的美国科学幻想系列剧《大西洋底来的人》迷住了封闭已久的中国人。1981年开播的《动物世界》也成为观众百看不厌的保留节目，以此为起点，外国影视片开始登堂入室，电视屏幕因“引进”而日益繁荣活跃起来。中国观众显示出了极欲了解外部世界的强烈愿望，在1981年首次全国性的大规模电视评选中，中央电视台《国际新闻》节目名列前茅，全部获奖专栏都与“国际”有关。

海外影视剧的引进也引起了一些争议。1980—1981年，中央电视台引进26集美国电视连续剧《加里森敢死队》，刚刚播了13集就被停播。不过，接下来的日本电视连续剧《姿三四郎》、香港电视连续剧《霍元甲》、日本电视连续剧《血疑》、巴西电视连续剧《女奴》、墨西哥电视连续剧《诽谤》、《坎坷》等等，都风靡一时。

（二）新闻改革的起步

1980年4月1日，中央电视台国际新闻材料的两个主要来源——维斯新闻社和合众国际电视新闻社，同时改航寄影片和录像带为通过卫星从伦敦和纽约分别向北京传送新闻录像，从而使国际新闻的时效大大提高。在随后的几年当中，许多突发事件，例如埃及总统萨达特、印度总理英·甘地先后遇刺，美国航天飞机“挑战者”号升空失事等，电视观众都是先于报纸读者获知，并且观众还看到了栩栩如生的现场。1980年5月，《国际新闻》内容并入《新闻联播》，竟然成为许多人观看《新闻联播》的主要兴趣所在。

《国际新闻》给整个新闻界打开了思路，也促进了中国电视新闻工作者的反省。改进在点点滴滴地进行，国内新闻开始变得短小精悍，由几分钟一条变为一分钟、几十秒、数秒一条，报道面逐渐拓宽，经济信息、批评报道、社会新闻形式各异，动态性的新闻增加了，连续报道、系列报道出现了。一批综述性的、分析性的国际、国内新闻专栏也设立起来。

1979年9月，《新闻联播》播出了一条批评高级干部用车特权的新闻——《北京王府井百货大楼停车场见闻》，社会反响热烈。从此批评性报道成为热门话题。1980年7月，中央电视台开办了新闻评论性专栏节目《观察与思考》，该栏目注意思想性、政策性，讲求深度，采用评论员形式与观众面对面交流。

新闻改革的成果首先是从形式更新上表现出来的。1981年7月1日，《新闻联播》改进编排，将国内新闻片、国内口播新闻、通过卫星收录的国际新闻录像以及国际口播新闻混合编排，重新设计“版面”，取消了新闻配乐。《新闻联播》开始突破“新闻纪录影片”的窠臼。

1982年9月1日，从中国共产党第十二次全国代表大会开始，有关部门将重要新闻的发布时间从通常的20：00（即中央人民广播电台《各地人民广播电台联播节目》的首播时间）提前到19：00《新闻联播》的首播时间。《新闻联播》中的重大新闻具有了权威性。

1984年，中央电视台参加了亚洲太平洋广播电视联盟亚洲电视网的新闻交换，还派出了驻香港记者。此后，中央电视台与欧洲、美洲的国际广播电视机构建立了新闻交换关系。地方新闻也由每周固定传送几次改为每天开通。《新闻联播》成为报道广泛的“消息总汇”。

1986年9月，中央电视台对全国人民代表大会常务委员会审议《企业破产法》过程的报道引起了社会的广泛注意，产生了强烈的社会反响，新闻界开始纷纷追求“公开性”。1987年六届五次全国人民代表大会和政治协商会议召开期间，中央电视台以最快的速度录像播出了八场记者招待会和中国领导人会见各界人士的实况，这种打破陈规的做法具有非常深远的影响。1987年10月召开的中国共产党第十三次全国代表大会实现了历次党代表大会从未有过的新闻公开，各方面的代表人物纷纷在电视屏幕上亮相，接受记者采访。大会闭幕后，新当选的中共中央政治局的五位常委出席招待中外记者的酒会，中央电视台的新闻实况录像以最快速度剪辑播出，中外反应空前热烈。电视在新闻界的地位提高了。

（三）服务和娱乐的兴起

随着经济改革和市场活跃，电视开始逐步面向经济、面向社会、面向群众、面向生活。1979年8月，中央电视台设立了

《为您服务》专栏，主要介绍电视节目，回答观众来信。1983年元旦，《为您服务》率先设立了一位固定的节目主持人——沈力，她也成为中国的第一位电视节目主持人。电视机构越来越重视与观众的沟通和交流，加强节目的服务性，全国各地出现了一大批受欢迎的服务性专栏节目，如广东电视台的《家庭百事通》、湖北电视台的《生活之友》、湖南电视台的《社会与生活》等。

中国观众首次通过国际通讯卫星观看现场直播的体育比赛始于1978年6月，当时中央电视台从阿根廷传回了第十一届世界杯足球赛的比赛实况。1981年，中国男子排球队与中国女子排球队双双获得世界杯排球赛亚洲区预选赛冠军。电视转播刚刚结束，北京、上海等地的大学生就高举五星红旗兴高彩烈地在校园内游行庆祝，高呼："团结起来，振兴中华"。最激动人心的是1981年11月，在日本举行的世界杯排球赛上，中国女排力压群芳，为中国的三大球项目夺得了第一个世界冠军。渐渐地，约定俗成，电视台转播重要国际比赛成为必须。

1983年8月7日，中央电视台推出了一部25集的大型电视系列节目《话说长江》，这个节目所蕴涵的浓厚的文化底蕴在社会上产生了广泛的影响，而此后推出的同类题材的电视片《话说运河》却一反"长江"颂歌式的激情，以冷静的态度、写实的手法引导观众作深层次的思考、积极的参与，成为那一时期文化热潮中的一

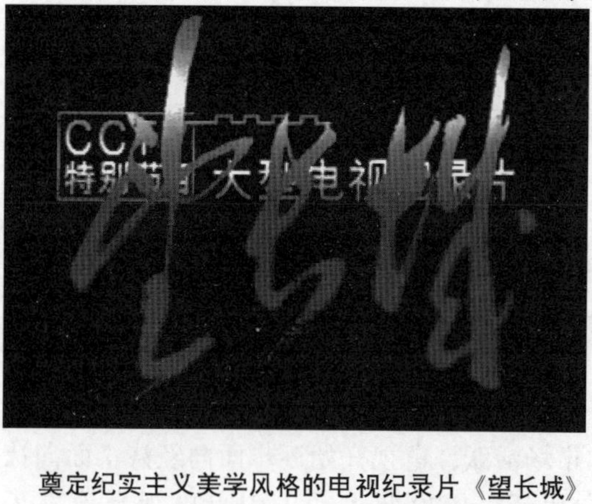

奠定纪实主义美学风格的电视纪录片《望长城》

股热流。1986年，中央电视台播出宣传改革的电视政论片《迎接挑战》，其明快的节奏、资料片的大量运用以及强有力的解说词使人耳目一新。一批报告文学作者撰写的解说词，为《长征，生命的歌》和《让历史告诉未来》等这类历史政论片增添了政治意蕴和文学色彩。1989年初，中央电视台创办《地方台50分钟》（后改为《地方台30分钟》）栏目，荟萃全国电视纪录片的精华，广受好评。1991年中央电视台播出的《望长城》，是继《丝绸之路》、《长江》、《黄河》之后又一部中日合拍的大型纪录片，该片追求纪实主义的美学风格，大量使用长镜头、同期声，虽然人们批评《望长城》选材不够精到、节奏有时拖沓，但都承认它对中国电视纪录片创作方法的突破和引导作用。

与纪录片的朴素相对的是春节联欢晚会的繁华。在中国，春节联欢晚会具有不同寻常的意义和分量，被称为“超级节目”。每次春节联欢晚会都要有超长时间的准备，而且耗资巨大，它集中了全国最走红的明星、最精彩的节目，在中国传统的农历除夕播出时，春节联欢晚会要面对的是数量最多、最热情、期望值也最高的电视观众。年三十“看春节联欢晚会”成为和“吃饺子、放鞭炮”一样重要的中华民族新民俗。中国老百姓对春节联欢晚会的期望是无与伦比的，春节联欢晚会的作用也是绝无仅有的，它试图关照各地区、各民族、各行各业、方方面面，把全国人民团结起来，使各种年龄、不同性别、文化程度各异的所有观众都获得满意的娱乐，它既要富有教育意义，又要充满人情味。自中央电视台1983年正式开办直播的《春节联欢晚会》以来，可以说艰难多于荣耀。

竞赛节目有时也成为娱乐游戏。1990年，中央电视台与正大集团合办综合性拦目《正大综艺》。《正大综艺》采用以明星或名人等特邀嘉宾为主，根据节目内容竞赛猜谜，现场观众参与的形式，一度成为收视率的热门。而另一种竞赛类节目更多地带来了思想的交流和碰撞。1986 年 10 月 12 日，中央电视台播出了在新加坡举办的“亚洲大专辩论会”决赛的实况录像。这种注重形式、富有内涵、讲求公平和对等，具有挑战性的新方法立即引起了中国观众的强烈兴趣。“辩论热”的兴起激发了中国人民的竞争心理，点燃了大众思辨的火花。

四、进一步发展与繁荣（90 年代以来）

进入 90 年代，电视直播卫星、有线电视、数字电视等各种新的记录传播媒介以及图文电视、互动电视等新的记录传播方式纷纷从实验室步入中国人的日常社会生活。传播媒介的更新换代令人目不暇接，而经济的飞速发展和社会的不断进步更为电视事业的发展提供了良好的契机。

在商品经济的环境中，广播电视被纳入除工业、农业以外的“第三产业”，电视进入了迅猛发展的新时期。中央电视台开始积极与企业合作，开办各类经济专题、经济服务和经济信息节目。节目实行经济承包。1993 年成立的《东方时空》、《夕阳红》专栏也试行了栏目承包制。上海广播电视局则创建上海东方明珠股份有限公司，为广播电视的发展探索新的途径。

早在 80 年代中期，随着改革开放的深入，电视界外一些企业事业单位提出开办商业电视的请求。1984 年 12 月，中共中央书记处决定由广播电视部门办一个经济电视台，统一播放商业性节目。1987 年 2 月 1 日，中央电视台第二频道由面向北京改为面向全国，播出以经济节目为特色的第二套节目。第二套节目的“转轨”是“开放”和“搞活”的产物，它的经营方法充满了商业气息。在中央电视台的带动下，1987 年 6 月，上海电视台实行倡导竞争的一台二台分台体制，从组织结构到人员安排，从节目采编到审查播出，都形成了相对独立、自成体系的新格局。随后其他一些电视台也都采用了相类似的管理机制。

电视台的体制以及经营策略亦有变化。1979年，中央电视台改全额预算为差额补助，开始播放广告，接受赞助。1984年，中央电视台的财务体制又从差额补助改为预算包干，由国家按播出总时数核定事业费定额，在完成承包定额的前提下，超收部分按比例留成。商业性经营也带来了管理上的进步。

电视的商业性收入已是一个十分突出的部分。1991年，电视广告首次跃居中国四大广告传媒榜首，当年广告收入10亿多元，比前一年增加82.7%。1992年，电视广告收入比上年度又增长105.4%。1994年仅中央电视台便获得广告收入12亿元，相当于当年全国媒介广告收入200亿元的6%。经济上如此强烈地依赖广告，中国电视的商业化倾向自然难以避免。如果有严密的法制和严格的管理，商业性的问题并非洪水猛兽，中国电视的体制和管理有待改革。

新的经济发展政策带来了中国电视节目的繁荣。进入90年代，中央电视台新闻节目又上台阶。从1993年3月1日起，中央电视台第一套节目新闻播出增加到12次，实现了多次整点播出、部分新闻节目直播和重要新闻内容的滚动播出。5月1日，中央电视台开办了新闻性的晨间板块专栏节目《东方时空》，1994年4月1日，创办新闻评论类节目《焦点访谈》和晚间国际新闻节目《世界报道》。1995年4月3日，中央电视台推出午间新闻栏目《新闻30'》。在中央电视台的屏幕上，早、中、晚三个时段都有了供观众了解最新发生的事实及其发展的新闻版块。在新闻时事类节目中，特别值得注意的是《焦点访谈》，它在中国特定的环境中实施舆论监督，取得了领导满意、群众拥护和同行认可的不凡成就。以平民视角对话交流的谈话节目《实话实说》，更是深受百姓欢迎。

进入90年代，电视剧市场开始形成，一批影视制作机构开始打进电视市场。在国际市场，中国电视最初是作为买主进入的。在国际市场购买富有知识和娱乐价值的外国影视片，对电视机构而言，既能丰富屏幕，又能获得经济效益。中国又是一个巨大的电视卖方市场，被称为“亚洲最大的节目市场”。为了进一步加强与国际社会的交流与合作，1986 年中国举办了“上海国际电视节”，1991 年又举办“四川国际电视节”，以后成为惯例，两地电视节隔年轮流举行，每一次电视节都成为信息交流和节目交易的重要机会。

复习与思考

一、美国主要的电视节目形态有哪些，其中电视节目的主体——电视新闻节目经历了怎样的发展历程。

二、从宏观上大体把握我国电视事业发展的状况：以时间作为研究线索，可以以我国电视发展的萌芽期、挫折期、发展期和繁荣期的时间划分为依据，着手梳理中国电视的发展史；以节目形态作为研究线索，可以以电视新闻节目、电视社教节目、电视文艺节目、电视服务节目和电视剧这几类主要电视节目的形态划分为依据，理解中国电视的发展历程。

第三章

电视的本体属性

自学提要

•注意理解电视传播作为一种重要的大众传播媒介形式，它既具有大众传播的共性因素，同时又有鲜明的个性特征。在理解大众传播的基础上，通过与印刷、广播等其他大众传播形式相比较，分析电视传播的个性特征。

•深入理解电视传播的主要特点，在这个基础上，研究电视传播的优势，认识电视传播的局限。只有这样，才能扬长避短，发挥电视媒介的传播职能，并且不断完善电视媒介本身。

第一节　电视具有大众传播的共性

一、关于大众传播

在人类社会发展的漫长岁月中，一时一刻都离不开社会传播活动。社会传播活动的内容是人类生存发展所必不可少的种种信息。传播的实质是借助传者与受传者双方进行某种程度的信息沟通与分享。

人类传播活动经历了一个历史发展过程。在原始人阶段，由于生产力低下，人类自身尚未成熟，人群之间、人与人之间所运用的传播符码多是体态语言、有声语言、刻石、结绳、堆石、击鼓、舞蹈、纹身、燃火等等，既难以突破时间的制约，也不易传达复杂、细微、深刻的信息内涵。随着生产力水平的逐步提高，社会组织、管理和交往活动对信息传播的需求不断增长，文字、印刷（书籍、报刊）、电影、广播、电视等传播媒介便依次问世。可以说，传播活动的历史是与社会发展的历史同步进行的。传播工具的嬗变、革新对于人类社会的经济、文化的发展与进步，无疑起着巨大的促进作用。

大众传播（mass communication）这个词是本世纪二三十年代无线电广播普及之后才出现的。无线电不仅是“没有纸张、没有距离”的报纸，同时也为广大听众提供了最大众化的娱乐，其传播速度之快，覆盖面之广，是任何书籍、报刊所不可企及的，可以说是典型意义上的大众传播活动。美国传播学的先驱者哈罗德·拉斯威尔在1946年发表的《大众传播的科学》中首次提出了“大众传播”的概念。第二次世界大战之后，电视异军突起，发展迅猛，同期，大众传播学的研究也日趋活跃。

大众传播是指职业的传播机构，使用各种印刷与电子媒介，广泛、迅速、连续地传播信息，以期在大量的、各种各样的受传者中收到传播的预期效果，试图在各个方面影响受众的一种行为过程。

包括电视在内的各种大众传播的共同特质有：

1. 受众是由大量的分布广泛的个体构成的，他们之间具有多方面的异质性——如年龄、文化程度、经济收入、职业、居住地差异；受众是分散而互不相识的；对传播机构来说，受众多系匿名的；受传活动是无组织的。

2. 传播活动是开放的系统，需定期而且循环不已地向全社会公开传播，比如刊期固定的报刊，定期播出的广播电视节目等。

3. 传播的决策和控制属于专业传播机构，不是个人之间的日常性的传播活动。

4. 必须通过现代化的印刷或电子媒介同受众建立传播关系，借此达到传播迅速、覆盖面广、内容丰富的传播效果，传播的内容因之易于为广大受众所获得。

5. 在一次传播过程中，单向的传播模式居多，传受双方难以像人际传播那样获得及时回馈。

6. 传播内容的针对性不如人际传播强，传播效果也不如面对面的人际传播那样及时有效。

二、大众传播基本要素在电视传播中的体现

在各种大众传媒行为过程之中，都包含着构成传播活动的若干基本要素。传播学公认的要素有：情景框架、传者与受传者、讯息与通道、制码与译码、噪音、反馈、经验范围、效果，它们之间不是孤立和割裂的，而是相互关联、相互制约的。

要了解电视传播的本体属性，有必要先对大众传播的基本要素在电视传播中的表现作一个具体的分析：

1. 情景框架

情景框架是指传播活动所处的特定的时间、空间、社会背景以及传授双方的心理态势。

不同时间情景，像早上与晚间、平时与假日、播出中的“黄金时间”与非“黄金时间”，受众对电视传播都有不同的要求。

不同性质的节目对于时间也有不同的要求，比如在新闻节目

中传播的时效就极为重要，而在服务性节目中适合时宜则显得体贴与周到。

不同空间的情景也是不同传播框架的组成部分，电视工作者、各界人士向观众播讲的内容、用语、语调也往往受到不同场合与氛围的制约，并要与之协调。比如在人民大会堂重大会议中的采访与在演播室里主持儿童游戏节目，显然有不同的要求。

谈到社会性的背景，一个时期的社会形势、社会思潮，多数传播者所处的社会团体规范与文化背景等等因素都必然要在不同国家、不同时期的不同节目中得到反映。

心理情景除了以上三方面相联系的心理状态之外，主要指受众对传播机构、传播者的感情态度——亲密的还是冷漠的、熟悉的还是陌生的、信赖的还是怀疑的，这些不同的心理定势也会对传播效果产生这样或那样的影响。另外，受众在喜庆、压抑、疲劳等不同情绪中会对传播持不同的态度，对节目的内容形式也会有不同的要求。

2. 传播者与受传者

传播者是发出讯息的一方，是决定传播内容、形式、方式的“信息源”。在电视传播中，电视机构自成系统，它们有一层层“把关人”——记者、编辑、制片人、总编辑、台长以及播出环节的一系列工作人员。传播者办电视台、办节目的方针，他们自身的新闻、文化、艺术素质，他们对电视观众的了解程度和态度等，都直接影响到电视节目、电视机构的特色与风格。

作为受传的电视观众，是接受讯息的一方。他们是由不同社会群体构成的，不同的观众群对于电视节目会有不同的需求与评价，同一节目在不同观众群中的传播效果也有这样那样的差异，所以对观众的构成，对观众收视行为、收视心理的分析与研究都是事关传播效益的重要课题。

3. 讯息与通道

讯息包括语言、文字和种种非语言文字的符码。

通道指传送讯息的器官、设备和媒介，人的感知器官就是传通双方必须具备的最起码的通道。公认的六种大众传播媒介——书籍、报纸、期刊、广播、电影、电视，分别采用印刷、声、光、电波等物质载体传递讯息，形成各不相同的传播特点。传播者可以根据传播目的，对不同内容选择最宜于达到预期效果的媒介。比如交响乐、长篇小说播讲主要诉诸受众的听觉，宜于选择广播媒介；而各类球赛实况、突发性新闻的现场则适合电视的表现；有深度有创见的科学论文刊载于相应的期刊，便于反复研读与保存。

4. 制码与译码

在人际传播中双方都同时兼任传与受传、制码与译码的双重角色。

在复杂的大众传播系统中，制码指的是把各种内容转换为声音、图像、文字等符码。受众把这些符码还原为传播的内容和意义，称之为译码。制码与译码之间是否畅通无阻、准确无误，则受制约于许多因素——传播者与受传者的文化水平，制码、译码的经验，各种噪音对于传通活动中干扰的程度等等。在大众传播过程中，参与制码活动的不是某一个人，而是环环相扣的一批人，哪个环节上的失误都会影响到符码传播的精确，给译码带来这样那样的困难。

在制码过程中不能不涉及传播者的能力与技巧问题。在电视传播中，同一传播主题、题材由不同的人来制码，由于能力、技巧的不同，传播效果也大相径庭。

5. 噪音

噪音原是物理学上的名词，是指物体无规律的振动产生的杂乱的、不和谐、不悦耳的声音。传播学者借用这个概念作更宽泛的理解，泛指阻挠歪曲讯息原来面目的各种因素，包括技巧方面的噪音和受众受诱发而产生的心理噪音。

来自受众方面的噪音有：①接受传播的环境有干扰，这是物理性噪音；②受传者对于某个主题已有的固定观念如果与传播者的观点不一致，就形成噪音；③受传者对某一传播机构或媒介已有成见、偏见，时时持怀疑或抵触态度。后两者均为心理性噪音，为了使讯息得以畅通，传受双方都要主动排除噪音，但起主导作用的在于传播一方。

6. 反馈

在人际传播中，我们可以不断地从自己的外显行为和对方的各种外显行为反应中得到反馈的讯息，从中判断传播效果，调整传播内容和表达方式。至于如何调整，则依各人的观察力、应变力和经验而有所不同。

在大众传播活动的一次流程中，能够立即获得的信息反馈总是少量的，多数的反馈是零散而迟缓的。为了密切传受双方的互馈关系，有经验的电视工作者一直在想方设法克服不能即时反馈的制约，通过各种方式把电视办成同观众双向互动的交流媒介。

7. 共同经验范围

如果说噪音是对传播行为的一种干扰因素的话，那么传受双方的共同经验则是促进传通的有利因素。

在电视传播中，雅俗共赏的节目往往建立在传受双方广泛、共同的经验基础之上，而以某一观众群为特定对象的节目，则更需要体察和沟通这些特定服务对象的共同经验。生活在同一城市的观众之所以对本市新闻具有普遍兴趣，并寄予很高的期待，其原因就在于生活在共同环境中的受众有着共同的利益和生活体验，使得节目与观众之间有更多的“接近性”。这里必须说明的是，强调共同经验范围，并不强求传受双方对某一事物的认识完全一致，更多情况下是寻求沟通与交流。

8. 传播效果

从广义上说，传播效果的大小表现在信息的沟通与共享的程度，比如传播机构所提供的信息、劝说、指导、娱乐在受众中获得多大影响，预期的效果是否达到，是否有反作用、副作用等等。

大量的调查结果表明：广大受众不是大众传媒可以轻易击中的“靶子”，在多数情况下，传播效果的大小因人因事因地而异。大众传播在说服人们改变态度行为方面之所以并非万能，其主要原因：一是受众个体之间的差异——由于文化水平、固有观念以及所属的社会阶层、团体、家庭等多方面的不同，受众对于大众传播的内容各有各的选择；二是受众受社会因素的影响——受众并非单纯生活在大众传播的环境中，而是生活在复杂的、变动的社会之中，人们认识客观世界、认识自我，首先是靠亲自参与的社会实践。个人态度行为的改变既同他的社会实践、生活经验直接相关，同时也与他所处的社会关系有着密切的联系。近来的传播研究中已注意到更广泛地开展多方面的传播效果的研究。

对于传播效果的研究，既要研究正效果——明显的积极的效果，从中总结经验，又要研究副效果——或反效果，从中发现问题，吸取教训，这样就能兴利除弊，因势利导地使各项大众传播活动有益于社会的发展和人类的进步。

第二节 电视传播的主要特点

任何一种大众传播媒介都是凭借物质工具进行的社会性的信息传播活动。作为大众传媒之一的电视，它的传播特性的形成首先是植根于它所作用的物质材料及其传播活动的独特方式。基于对电视媒介自然属性的认识，电视传播“与生俱来”地具备以下七大特点：

(一) 以电子科技进步为依托

在整个历史进程中，传播活动是人类生存发展所必需的。一方面，社会生产力的发展对于传播活动和传播事业必然提出越来越高的要求；另一方面，人类传播活动的工具、手段总是随着社会生产力的发展而获得革新和演进，借此不断拓展着传播活动的深度与广度。

就电视技术手段的发展过程来考察，电视传播的变革总是依赖于电子科技的进步。电视技术的发展经历了由黑白到彩色，由电子管到集成电路，由模拟技术到数字技术，由地面广播传输到空中卫星传送，由近距离覆盖到覆盖全球，由单向传输到双向、多向传送的多次飞跃。电视摄录、制作、传播工具与手段的不断更新与变革，不断为电视工作者开拓出新的领域，使电视传播活动如虎添翼。1954 年彩色电视出现，1956 年美国安培电器公司推出第一台录像机，1962—1964 年定点同步通信卫星由试验到正式运行使用，1968 年便携式电子新闻采集系统——ENG 摄像录像设备的问世，70 年代以后各种特技编辑机的运用，80 年代以后卫星直播电视、有线电视的崛起等等，所有这些都是电子科技为电视传播开拓新路的明证。

电子技术渗透于电视传播全过程之中，是电视事业、电视传播活动不可分割的一部分。在节目制作、播出、发射、传送和接收各主要环节中，先进的技术与设备都是节目制作、节目传播的物质载体与保障。电视传播是先进的物质形态与丰富的精神形态有机统一的产物，也是高度的物质文明与精神文明相结合的巨大成果。

电子科技的重大突破，不仅改变了电视传输、覆盖与接收的方式，在短短几十年间实现了全球性、立体化、全方位、极具渗透力的传播网络。与此同时，高科技也给节目制作提供了许多新的表现手法，从而不断开拓、丰富节目形态。

由此可见，我们不可能脱离电视的技术载体奢谈电视事业的发展，电视的发展离不开电视技术的进步这一基础。当然，在电视传播的总系统之中，技术是为节目制作、播出服务的。从根本上说，电视传播质量最终还是取决于电视工作者的思想和艺术水平，取决于他们深刻的电视媒介意识以及把握、挖掘技术潜能所作的不懈追求。

（二）直接性与直观性

随着电子声像技术日趋完善，电视传播活动从摄录各类素材到编播、传输、覆盖和接受各个环节都具有越来越高的保真度和传真力。只要善于运用先进的器材设备，电视传播者就既能如实再现客观对象的图像、声音，又能确保视频音频信号在全球范围内传输而不失真、不耗损。电视犹如一扇窗户或一面镜子，让人们从直观的视听形象之中了望周围世界。这种直接性和直观性把很多“秘密”曝光了，权威力量对社会信息的垄断开始崩溃了，比如原来由家长先从报刊、书籍等媒介获取信息而后向青少年转述的方式成了多余。家庭起居室因为有了电视，变成了获取最大量、最多样、最新鲜的信息的主要场所，从而改变了家庭这一空间的意义。

直接性、直观性在电视传播活动中至少有三条好处：一是通俗、生动，较少受文化程度与生活经验的限制，可以达到较大范围的雅俗共赏；二是可以充分发挥示范的作用，电视往往在有意无意之间进行着示范与推广，引导观众模仿，导致行为的趋同；三是突出了视觉在传播中的地位，养成观众偏重于从图像来吸取信息的习惯。

（三）即时性与现场性

电视作为一种现代电子媒介手段，利用电波进行信息的传送，它具有最强的时效性，可以在同一时态内实现信源——编码——发送——接收的全过程，从而实现超越时空界限的即时传播。

同时，电视拥有多样的视听符号，以视听综合的手段最大限度地再现观众对外部世界的认知和感受体验，因而具有更强的现场性。

与即时性和现场性紧密联系的是电视中出现了大量的直播节目，特别是现场直播节目。这正是电视传播最突出的优势所在。

（四）屏幕上展现人际交流

迄今为止，电视是所有大众传播媒介中最便于展现人际交流的媒介。电视工作者为适应观众的家庭观赏收视需要，一直在寻求电视与观众之间在视觉、听觉、思想感情上的交流。从广义上说，电视屏幕上的图像、声音、文字各种表意元素，包括连续定期的播出方式都是电视节目与观众进行交流的渠道。其中，以有声语言为主、以体态语言为辅的屏幕上的人际交流占有特别重要的地位。电视节目中人际交流的各种形态最接近日常生活中的人际传播，因而也易于获得人际传播的效果。

（五）内容、形式的兼容性和综合性

拥有先进而灵便的电子技术的电视传播，面对亿万观众的收视需求，要维持日常不间断播出，节目量之大，品种之丰富，题材之广泛，表现形式之多样，可以说是其他任何大众传媒所不能比拟的。电视传播视听综合的传播优势使之必须、也能够实现最广泛的兼容性和综合性。

1. 从传播符码上看，连续运动的图像、声音和适当的文字符号都是电视节目内容的外在形态，同时作用于受众视觉、听觉两个通道，直观可感，通俗易懂。电视媒介可以综合运用这三类符号来表情达意，因而对受传者具有很强的吸引力和感染力。电子设备所特有的即时性与现场性，超越了电影的“声画并茂”、“形声兼备”，独具现场纪实的魅力。

2. 从节目形态上看，电视可以以一种基本表达方式为主，兼容其他方式，如某些文艺节目中采访与表演、纪实与虚构兼容；也可以以一种结构形态为框架，综合各种形态的其他板块形成一个整体，如“杂志型”栏目，等等，无不显现电视的兼容综合性。

兼容、综合这一特点，给电视传播带来了无限的生机和活力，比如音乐电视、电视散文等新的电视节目形态、节目样式精彩迭现，无不体现出电视兼容综合的长处，也表明广泛吸收和借鉴是电视节目创新突破的一个重要前提条件。

3. 从节目内容上看，电视既可以汇总各种大众传媒新近传播的重要、精彩的报道与言论，增加信息量，形成要闻总汇的权威，又可汇总各类艺术领域中多姿多彩的作品，以电视化的手段进行各样的记录和改造，提供多样化的审美和娱乐，还可以传达知识和经验、思想和观念，提供多种多样的信息和服务。

4. 从传播手段和技巧上看，电视既能发挥电视传播的种种优势，又可借鉴各种艺术门类和其他大众传媒的形式、经验、技巧，丰富电视节目的艺术手段。

电视将人际交流全方位引入大众传播的媒介形式，它同时也部分具备人际传播的种种特点，也可以在一定程度上吸收和借鉴人际传播的经验技巧。

5. 从传播形式和节目时态上看，电视可以采用直播、录播、远距离互传同时并举的形式，时态丰富多样，比如在重大庆典活动、大型晚会等节目直播中可以较多插入预先录制的访谈、专题片或资料片段等，增大信息量，丰富传播内容。

6. 从电视传播的主体上看，社会各界和广大观众的广泛参与正日益改变着电视的面貌，越来越多的受众可以在屏幕上发表见解，倾诉感情，与全社会公众沟通，并借助电视传媒参与社会事务，逐步获得使用媒介的权利，实现自身的社会价值。

随着技术的发展，电视已经能够突破单向传播的传送模式，广播与“狭播”、“窄播”兼顾，进而实现点播，完成与观众的交流和互动。在个体化、个性化的电视传播阶段，电视传播的针对性和适应性将会进一步增强，受众在传播过程中居于主体地位，电视将会形成多层次、多网络的传播格局，更好地满足不同类型的观众多种多样的收视需求。

（六）顺时序的连续定期编播方式

电视传播是依时间流程连续进行，不管办多少电视台，播出多少套节目，都是一个栏目接一个栏目、一个节目接一个节目地依序播放。对观众来说，收视时间总有个极限，而在同一时间内不可能一心二用，同时认真收看两套节目。因此，传播和接受双方对于运用和适应连续定期的编播方式，如何达到“适销对路”，相互默契，这就需要合理筹划，经常掌握信息反馈，不断调整，以求取得动态平衡。在传播者一方，频道、栏目的设置与编排就是要依据电视传播的宗旨，对观众的需求以及收视率与社会效益等诸方面因素进行综合考虑，将播出时段进行合理的分割和组合，以实现最佳传播效果。

（七）电视传播者与接受者之间的特殊互动关系

由于电视传播与家庭接受的方式相互制约、相互作用，使电视传播者与接受者双方在传受过程中显现出有别于人们接收报刊、广播时的心理感受与行为方式，形成了独特的互动关系，这也是电视传播的一个重要特点。电视传播者与接受者之间的特殊互动关系主要表现在以下几个方面：

1. 直接性与共时性

电视可以使亿万观众同时得到同一信息。这种传播方式不仅能减少信息的耗损、失真和迟缓，而且从某种意义上还有信息强化和信息增殖的效果，比如电视对某些信息的直接共时传播可能形成社会舆论的热点，对社会公众产生强烈的冲击力，形成轰动效应。有些特定的信息在特定时间空间条件下，可能使一个国家、民族的观众形成一股强大的向心力和凝聚力。比如80年代以来我国电视对女排夺冠、35周年和50周年国庆阅兵、“三峡工程”以及香港回归、澳门回归等大型活动所做的现场直播报道都在引导社会舆论、激发民族自信心和自豪感等方面收到了非常好的社会效果。1998年，我国关于长江、松花江、嫩江特大水灾及抗灾的连续报道，迅速掀起海内外同胞风雨同舟、血浓于水的情感，自觉捐赠活动一浪高过一浪，成为一个时期内全国亿万人民和爱国华侨的关注中心。这些都是典型的例子。

这种直接性和共时性还能引发电视观众“天涯共此时”的共通感受，使电视观众获得共享新闻信息的平等机会。观众只要有机会接触电视就有权利获得电视所播出的各种信息，在“此时此刻”，人们之间在社会地位、身份、财产、居住地等各方面的差距，都不制约收视的权利。由于经常通过电视共享某些信息，使相距遥远的“地球村民”增进了解和沟通，在一定程度上有助于人们更好地进行信息的交流，取得共识。

2.“面对面”的传播

在电视出现之前，其他任何大众传播活动都无法实现传播者与受众面对面的传播和交流。受众是通过文字、照片或声音来了解传播者的传播内容、传播意图以及传播者的思想情感的。

电视出现之后，电视传播者同观众的信息传递、信息沟通多了一个得天独厚的“讯道”——面对面的交流，即传播者直面观众讲述，或在屏幕上相互交谈，或是当“众”（观众）采访，并把交谈采访过程展现在观众眼前。在这些交谈、访问之中，传播者的信息传播是全方位的，眼神、表情、姿态、服饰、化妆等等全都发出信息。这些无言的信息与有声语言相互配合，使观众较为容易地感受到由传播者的气质、学识、个性、情感等所构成的总体形象。

3.家庭收视的接近性和随意性

电视传播的“终端”和“目的地”是家庭，任何电视机构和传播者的个体行为，都要充分考虑到在家庭这种特定的收视环境中电视观众收视活动的特点以及由此产生的对于电视节目的迎拒取舍的心态。

电视机置身家庭之中，日复一日定时定期地传送各类节目，使绝大多数观众已经把收看电视作为一种习惯性行为。在长期的信息接收过程中，不论是喜好还是厌倦，观众总难免会对一些电视节目在情感上产生相当的投入，进而同某些节目、栏目、主持人或者某个电视机构在潜意识里建立起密切的联系，把原本是透过荧屏显现的图像、声音、人物视为精神生活中必不可少的伴侣。

同时，家庭作为收视的空间环境，难免存在种种干扰视听的因素，因此不少观众不具备长时间连续而专心看电视的氛围。加上人们多半是在业余闲暇时间收视电视节目，一般人看电视经常是与做家务、聊天等其他活动同时进行的，时常是断断续续地片段收看，看电视的心态多是随意而轻松的，不像工作、学习，也不像进影剧院那样投入。这就形成了家庭收视的日常性、随意性和间断性。

第三节　电视传播的主要优势

电视传播的特点如果能够在电视实践中有意识地注意，因势利导地使用，就可以在传播的各个环节之中将特点转化为优势。

电视传媒的特点可以转化为哪些优势呢?

(一) 真实强烈而丰富的现场信息

电视媒介的特点决定了电视要最大限度地接近观众，接近现实生活。不言而喻，电视新闻节目必须充分发挥现场的优势，除此之外，知识性和教育性的电视节目、电视文艺节目以及服务性的电视节目也都有可能发挥现场的魅力，激发观众产生身临其境的感受。

（二）与观众亲密交流沟通的效应

屏幕上大量出现各类人际交流活动，使电视传播可以突破其他大众传媒不能展现传播者可视形象的局限，“面对面”地同广大观众讲解、评述乃至呼唤应答。与此同时，各界人士在节目中的各种交流活动也被屏幕前的观众“亲眼目睹”，这就很容易把人们从心理上卷入屏幕上的交流当中，电视的传播者与接受者之间的密切联系是其他传媒所不能企及的。

（三）各阶层人士的广泛参与

各阶层的观众可以作为节目的主体，参加各类节目，他们或是提供信息、参与讨论、直抒胸臆，或是展现才能技艺、参与竞赛，这种参与在不同程度上实现了社会信息的沟通和交流，对于促进社会各阶层的相互理解能发挥积极的作用，更重要的是这种参与能够体现出观众直接使用电视媒介的权利。在各种大众传媒之中，电视最早显现出受众主体的巨大潜能，随着社会各界人士越来越多地走上屏幕，成为“信息源”人物，成为直接意义上电视传播的主人，电视传播在促进社会沟通、相互理解、协调行动各个方面将发挥更大的作用。

（四）多样而综合的传播功能

电视具有多样而广泛的功能，已经为人们所共识。它可以传递新闻、反映舆论，施行社会教育和知识教育，满足文化娱乐和艺术欣赏需要，并为社会公众提供各种切实的服务。作为信息产业的一个组成部分，电视经济信息和广告参与经济领域，直接介入经济活动，也对繁荣商品经济起到促进作用。

电视传播为社会物质生活和精神生活提供多样的有益的服务，值得强调的是，电视不但可以直接有力地对近期的社会生活发挥这样那样的作用，从长远看，电视在潜移默化之中往往对一个民族的文化思想、价值观以及心理素质的发展变化产生深远的影响。

现阶段的电视传播已经突破了面向大众的单向传播模式，形成了多层次、多网络、纵横交错的传播结构。从宏观上看，整个电视传播为社会提供着更加周到的服务，电视传播的触角更加深入地渗透到各个社会角落和社会群体之中，电视的潜力将得到进一步的挖掘。

（五）有序编排培养观众收视习惯

电视台可以借助合理有序的栏目编排，开发观众的收视时间，培养观众的收视习惯。电视顺时传播的特点对观众来说既有强制的局限，也有利于与观众建立“定时交流，定时服务”的密切关系，关键在于传播者要善于根据观众的需求策划、制作出观众喜爱的电视节目，确立起栏目鲜明稳定的整体形象。

从观众角度来看，长期连续定期的播出方式有助于培养观众的收视习惯，进而形成忠实而稳定的收视群。电视机构可以凭借这一优势通过节目设置编排，针对不同的收视群体，开发不同时段，制作播出不同的节目，供不同观众群各取所需。

第四节　电视传播的局限

在现阶段，电视传播还存在以下若干局限：

（一）线性传播的制约

电视传播按时间流程依次播出节目，每个节目的图像和语言也是逐帧顺时呈现，为区别于印刷媒介经营版面的空间传播，可以将电视传播称为线性传播。观众看电视还不能像读报读书那样随意选择不同的电视节目，而且比之报刊媒介，电视的贮藏和复显都相对困难。

电视的线性传播特点也给观众带来诸多的制约与不便：一是必须按节目单规定的时间收看某一节目，过时不候。二是必须同时并用视听器官。声画形象稍纵即逝，如何表现有思想、有深度的节目内容，如何满足观众的收视心理，调动观众的收看情绪都是难题。观众收视活动的随意性与日常性又加剧了这种不利因素的影响。三是收视过程中难以总览播出节目的全局，在开始收视之前也不能像阅读报刊那样先浏览大概再从容选择。

(二）对可视影像的依赖性

电视以视觉形象为主，这就要求电视传播须臾不可脱离具体的影像来表情达意。

在电视传播和电视节目构成符号之中，影像是基础，而在影像之中，除了少量的图片、绘画、动画之外，绝大部分应具有直观生动的形象。如果题材本身缺乏直观形象，或者题材的影像没有办法记录或复现，都会给主题的表达造成一定的困难。

作为大众传媒，电视的影像还需时时顾及社会的影响。因其影像表现的直观性，电视画面要注意负面内容表现的方式和策略，尤其要注意有利于少年儿童的身心健康，有利于社会公德和社会文明的建设。

很多客观因素严重影响电视的影像表现，从而有损于信息的传达。比如技术手段的谬误，像偏色、声音记录不完整等；再比如有些新闻节目中空间场景难以体现新闻信息的内涵，特别是会议新闻；有些人物在镜头前过于紧张，或不善言辞，难以充分展现其真实的性格和风采等等，这些都会影响传播的效果。

(三）表现理论性、专业性过强题材的局限性

较之文字媒介，电视对于某些理论性、思辨性过强的内容和题材较难作充分而深刻的表达。从根本上看，这是因文字媒介与影像媒介的不同表达方式造成的（见下表），同时也部分源于电

视观众的广泛多样的差异性以及电视传播特有的收视心态、收视氛围造成的离散效果的影响。此外，对于人物的精神世界和心理活动（包括深层的思想、情感、态度和各种观念）的表现，影像常常也显得无能为力。

文字媒介与影像媒介的不同

媒　体	文　字	影　像
构成方式	抽象的符号系统	直观视听形象系统
表现方式	间接描述	直接视像运动
表意方式	靠叙述功能	靠造型功能
时空方式	抽象的时空意义	具体的行为时空
解读方式	经验性想象	直觉体验
感受方式	理解	感受

在上述这些局限性之中，有的是由电视本身特有的质的规定性决定的，比如收看节目必须耳目并用，电视播出离不开屏幕等；有的制约随着科技的进步已经或可望突破，比如双向交互电视的问世改变了电视观众被动收视的局面，电脑动画和数字特技的运用可以形象地再现某些无法记录的事件的真实过程，又如家庭录像设备的发展和完善大大提高了电视传播的贮藏性和复显性，等等。

回顾半个多世纪以来，电子科技的迅速发展以及各相关科技领域的革命为电视传播开辟了日益广阔的道路。在知识创新、科技创新的新世纪，电视将面临新的挑战，同时也将获得新的机遇，有理由相信，电视科技的飞速发展必然带动电视传播的创新和突破。

本章附录一：直播与现场直播

一、现场直播——最具电视媒体特色的节目样式

现场直播应该算是最具电视媒体特色，最能发挥电视传播优势的一种节目样式。

囿于本体的局限，其他传统的大众传播媒体不可能采用现场直播的形式。比如说报纸，归根结底，报纸是一种以文字为主要载体的媒体形式，对于现场的表现，第一，它不可能做到以视听综合的方式连续传达具体可感的现场形象（报纸的图片只能静态地表现特定的瞬间）；第二，传统报纸以纸质媒介为基础的传播方式大大影响了报纸信息传送的时效性，即使是网络报纸，由于以文字为主要载体，因而很难具备现场信息传播的即时性和现场性。

再比如说广播，作为现代电子技术发展的产物，广播第一次使信息能够通过大众传播媒介即时传送，也就是说，广播媒体使“直播”成为可能。但是广播只能传播听觉形象，对视觉形象的传播则无能为力，或者说，作为一种展示时间流程的媒体形式，广播从根本上难以承载准确完整地展示空间结构的功能，所以“现场”这样一个非常明确的空间概念，利用广播不可能得到体现。

又比如说电影，从表现形式上看，作为视听综合的传播媒介，电影与电视具有最大的相似性，两者都是在一个二维空间中逼真地再现现实世界的时空结构。单从表现“现场”的角度看，电影与电视一样，对于空间结构的塑造，都具有几近无限的可能。但是从传播手段来看，作为机械媒介的电影，其胶片冲印、

拷贝发行放映等必经的制作传送流程使得电影这一媒体在信息的传播上不具备即时性，也就是说难以实现“直播”。当然进入数字时代之后，对数字化的电影进行直播不再是难题，不过，从电影媒体的发展传统、电影特有的艺术属性、电影受众的接收环境和接受心理等方面来判断，电影直播的意义主要在于发行、放映环节的简化，而不是对电影表现方式的颠覆，也就是说，现场——这里仅指直播意义上的现场——不应该是电影表现的主要内容。

还有就是网络媒体。虽然我们还无法描画网络时代大众传播的未来图景，但是至少有两点可以确定，第一就是从传统媒体未来发展的角度看，作为“超媒体”的网络媒体，通过对多种媒体的整合，给大众传播带来了革命性的变化，为传统媒体的发展提供了崭新的广阔空间，比如说网络报纸、网络视听的出现；第二就是从传统媒体现实生存的角度看，网络媒体的出现对传统媒体构成了强烈的冲击，这就迫切要求传统媒体从自己的本体属性出发，强化本身的传播优势，寻找符合媒体特点的独有的节目传播形式。具体到电视媒体而言，网络传播时代的电视必须要进一步加强视听综合、即时传播的媒体优势，由此可以断定，现场直播将会成为越来越重要的电视节目样式。

二、直播与现场直播：亟待区别的两个概念

作为以科技进步为依托的现代电子媒体，电视受科学技术发展的影响很大。电视现场直播节目就是随着电视技术的进步而逐步发展起来的。

电视直播由来已久。在电视发展的初级阶段，由于技术的原因，电视节目的制作播出只能采用两种方式，一种是用胶片进行拍摄，经过冲印以后，再用电子扫描播出；另一种就是通过视、音频系统采集视频、音频信号直接播出，也就是我们所说的直

播。考虑到胶片制作的高成本，最初直播节目是大量存在的。1956年美国安培公司开发出四磁头磁带录像机之后，随着录像设备技术不断完善，使用日益普及，直播才开始被越来越多的录播节目所取代。录播与直播相比较具有很多优势，比如准备充分、制作从容、控制准确等，因此，录播节目的出现曾经一度使直播节目销声匿迹。但是，直播节目所具有的最强的时效性、观众的参与性又是其他节目形式无法取代的，所以当人们对电视的认知逐渐深化，特别是电视新闻节目逐步成熟的时候，直播重又受到广泛的关注，这一点在新闻节目当中体现得最为明显。比如CCTV为了增强新闻的时效性，整点新闻先后都由录播改为直播播出。

技术的发展使得电视直播节目可以走出电视制作机构特定的空间——最典型的就是电视台的演播室，进入更加广阔、自由的现场空间，表现重大事件的进程，传达身临其境的感受，展示现场空间的结构，这样就产生了现场直播。

这里出现了两个概念，即电视直播与电视现场直播。所谓电视直播，是指电视视听信号的采集、合成与播出同时进行的节目制作方式，像《新闻联播》、《直播中国》（后更名为《直播时刻》），都属于电视直播节目。而现场直播则是一种特有的电视直播样式。现场直播以事件发生的现场为主要表现空间，与事件同步进行节目的制作和播出，它注重空间结构的营造和现场气氛的把握，追求真实性和现场性，像《直播中国》就是典型意义上的现场直播节目，而《新闻联播》则不然。但是，实际上人们对这两个概念往往区别得并不十分清楚，在相当多的情况下，电视直播与现场直播是被混为一谈的。比如在CCTV全部整点新闻栏目早已实现直播之后，央视国际网站仍然称后来的《直播中国》为“第一个常设直播栏目”。在这里，有必要进一步明确现场直播与其他电视直播的区别。

单从字面上理解，就可以看出现场直播最大的不同在于“现场”。当然从一般意义上讲，所有的电视节目都有现场，因为电视是一种时空综合的媒介形式，所有的节目都要在一定的空间当中得到体现，所有的内容都要有相应的空间载体，非现场直播类的电视直播节目也是一样。但是，非现场直播类的直播节目所展示的空间、所依据的现场，从根本上说，是一种抽象意义上的空间和现场。这里的空间是从属于电视机构整体形象的构成元素，它具有独立性，与节目内容没有内在的必然联系，并不依附于节目所表现的事件而存在。空间结构在这里具有明确的象征性和统一感，但往往不强调其具象性和现实感，至少在观众的接受心理上不会把这种空间当成具象的、有具体叙事意义的现场。比方说，《新闻联播》节目的演播室当然是一个具体明确的现场，但是从节目所传达的空间观念、播出效果以及受众心理来看，这里的空间更多强调是统一在电视机构的整体形象之下的一个象征性的抽象空间。因为这里的空间是一个特定的、虚指的空间，与节目所表现的内容没有内在的必然的联系，因而从观众的接受心理上看，不会认为它具备具体的现场性。

而现场直播则不然。现场直播之所以叫做现场直播，就是因为它重在现场表现。与其他直播节目不同，现场直播所展示的空间结构具有明确的具象性和现场性。现场直播的空间就是直播事件发生、发展的特定空间，它是与直播事件密切相关的，而不是独立于直播事件之外的。对于直播事件来讲，这个空间作为整体而言是具体的，也是惟一的、不可替代的。现场空间在现场直播当中的重要性主要体现在两个方面：一方面体现在现场是直播事件的基础。空间是事件的重要组成部分，离开了事件发生的现场空间，就难以如实再现事件的进展，也就不存在对事件的现场直播；另一方面体现在现场是直播表现的主要内容。现场空间是直播叙事的重要构成元素，脱离了这个元素，现场直播的叙事就难以成立。我们都知道电视是一种时空综合的传播形式，但现场直播在时间结构上又与其他所有节目形式决然不同，现场直播的时间结构要完全遵循直播事件发生、发展的实际进程，因此它具有即时性和确定性的特点，在时间给定的前提下，现场直播必须着重于表现现场的空间结构，以对现场空间再现为基础来反映直播的事件、人物和环境特征。

本章附录二：电视传播的三个阶段

从电视传播中受传者在传播过程中所处的地位来看，电视传播的发展可以分为三个阶段，即群体化传播阶段，非群体化传播阶段，乃至个体化、个性化的传播阶段。

在群体化的传播阶段，由于种种限制，电视节目播出的数量有限，电视节目以满足最大多数观众的需求为目的；观众选择的余地小，供受众消费的信息几乎完全一样，因而形成了传播的群体化特征，受众接收的信息基本上是由传播者决定的。

在非群体化传播阶段，电视节目的数量剧增，观众对电视节目的选择性越来越大，电视节目开始面向部分观众，满足观众某方面的需求。由于受众多样性的需求日益得到满足，于是受众不断被分化为越来越小的收视群，形成了电视传播的非群体化特征。受众选择性的增强使受众在传播中的地位提高；相对而言，传播者的地位降低，传播者服从、服务于受众的意识增强。

在第三阶段，即个体化、个性化传播阶段。随着双向电视、交互式多媒体系统的开发普及，特别是网络媒体的出现，人类社会进入了一个新的媒体时代。在这一阶段，电视传播将发生根本变化，即由单向传播转变为双向传播。受众不仅可以在任意时间自由选择自己需要的电视节目，而且可以通过各种方式越来越多地介入到节目制作的整个过程中，越来越成为传播行为的主导因素。

由群体化传播转向非群体化传播，对于电视传播而言，这是一种革命性的变化，将造成多方面的影响。

首先是受众地位的变化。电视传播以传者为中心转变为以受众为中心，受众成为传播主体。一方面，使电视节目由教育为主向以服务为主转变，由着重进行理性教育向同时注重理性教育与感情沟通转变，由一厢情愿的单向传播向平等交流的双向传播转变；另一方面，电视节目将更有针对性，主旨在于满足部分观众的某种需求和兴趣。某种类型的观众、有某类需要与兴趣的观众会对这类节目产生持久、稳定的收视习惯。因此，非群体化传播的受众群体更加具体化，也更加稳定。

其次，传播者在传播中主导地位的削弱，带来了电视节目创作的变化。一方面是创作主体的目标追求从保持高收视率到保持稳定的受众群转变。在群体化传播阶段，由于条件的限制，电视节目播出的数量少，创作者必须使自己的节目尽可能地满足最大多数观众的需求，为最大多数观众所接受。电视节目普遍的高收视率就是这种要求的反映。在非群体化传播阶段，电视节目数量多，观众选择的余地大，使电视节目的收视率普遍降低，在这种情况下，创作者为一部分观众服务，满足观众某种需求的创作观念开始成为新的创作出发点。随着电视传播非群体化的发展，能否更好地为部分观众服务，保持较稳定的收视率，具有稳定的收视群，将成为决定电视节目生存和发展的新标准。这种情况要求创作者的创作意识发生必然的变化，由满足最大多数观众的普遍需求转向满足部分观众某方面的需求。电视节目由“大锅饭”变为“自助餐”，创作者的创作意识从“面面俱到”转变为“有的放矢”。另一方面，节目的对象进一步细化，针对性更强，受众群体更具同质性，创作者主体的目标追求更加明确，便于及时听取观众意见，收集观众反馈，加强节目深度，有利于观众参与，也有利于具体电视节目在相关的特定领域中介入程度加深，提高节目专业化程度，形成该领域传播的权威。

电视传播的非群体化发展要求电视节目不断加强节目的专业性和对象性。

复习与思考

一、论述电视传播的主要特点有哪些，并且进一步分析电视传播为什么具有这些特点。

二、结合具体的电视节目形态考察电视媒介，分析电视传播的优势主要体现在哪些方面。

三、如何看待电视传播局限性的问题——电视传播的局限哪些是技术因素造成的，哪些是媒体本身固有的？这些局限性在电视传播中是可以克服的吗？

第四章

电视传播的内容、主要社会功能及效果

自学提要

• 理解电视传播的主要社会功能。应该看到，随着社会的发展和受众需求的增长，电视的社会功能在不断地丰富和完善。要注意的是，电视传播的社会功能不是恒定不变的，在不同的政治经济条件下，在不同的历史文化背景中，在不同的社会发展时期，对应社会的需要和观众的需求，它的侧重会有所不同。

• 理解电视传播的社会效果。作为现阶段大众传播当中的第一传媒，电视具有最为广泛的社会影响和社会效果，理解电视传播的社会效果主要体现在哪些方面。

第一节 电视传播的内容和主要社会功能

一、电视传播的内容

信息是事物运动的存在和表达形式，信息又是人类主观世界和客观世界相互作用的中介。人类在制作、传递、接受、储存各类信息的行为过程中，既认识和改造着客观世界，同时也改造着主观世界。

任何方式、任何范围的传播活动都与信息相互依存，形影不离。有的信息可以不公开传播，但传播活动却离不开信息。电视传播的内容主要包含五个方面的信息：

（一）消息与资讯

消息与资讯既包括在电视新闻节目中披露的新近发生、发现和正在发展变化中的新闻事实，同时也包括更广泛更大量的社会公众感兴趣的其他信息，举凡科学新知、奇人奇事、时尚变化乃至普通百姓生活中发生的故事、日常的市场商品价格、环境状态和气候变化等等，无不包含在消息与资讯的范畴当中。

（二）知识与经验

在日常生活中，为了人类的生存发展，为了文化的规范、创新和承继，一个民族、一个社会、一个团体、一个家庭都需要不断地积累、传播种种社会文化知识以及经济活动、日常生活中的经验和技能等等。

（三）思想与观念

在人类传播活动中，传播者总是或显或隐地、有选择地传播合乎自己价值观、立场、观念的信息。政府官员、专家、学者以及普通观众经常要借助电视媒介发表相关的言论和见解，宣扬思想与观念。

（四）感情与态度

感情与态度是人类社会传播行为中的一种特有的内容。电视机构总会在各类节目中或直接或间接地传播种种思想、观念，从社会道德伦理到人的价值观、人生观、审美观、文化观和教育观等多方面对人们产生潜移默化的影响。从1960年肯尼迪成功地利用电视媒介竞选总统以来，在美国历届总统的更迭中电视发挥了不可替代的作用，也凸显出电视传媒的巨大社会影响力和感召力。

（五）娱乐与审美

电视是最擅长于为大众提供娱乐节目的媒介。其娱乐内容大致可分为三大类：一是运用电视手段表现其他各门类艺术精品，包括电视散文、电视诗、音乐电视等，均已成为社会审美文化的新的对象；二是“寓教于乐”的节目，即运用电视艺术形式，让观众在愉悦和欣赏中接受其中的思想内涵和教育意义，形式与内容互为表里，成为雅俗共赏的娱乐材料，如电视专题文艺节目；三是纯粹的娱乐、游艺节目，只要健康无害，不产生负作用，也为普通百姓所喜闻乐见。

二、电视传播的主要社会功能

报纸、期刊、广播、电视作为当今社会四种主要的大众传播媒介，都同时具有新闻传播、社会教育、文化娱乐、信息服务等四种主要社会功能以及其他一些社会功能。由于媒介特性的差异，不同的媒介形式在这些功能的发挥上也各具特色，具有各自的优势和不足。在传媒间的竞争日趋激烈的今天，各种传媒形式必然在其社会功能的发挥上相互竞争、扬长避短，以争取更多的受众。那么电视在发挥这些社会功能方面，具有哪些优势和长处呢？

（一）新闻传播功能

电视从诞生到成为重要的新闻传播媒介，其间经历了一个发展的过程。早期，由于受技术条件的限制，电视在新闻传播的时效性和传播范围上都受到限制。随着科技的发展，电视传播逐渐突破这些限制，呈现出它在新闻传播上的独特优势。到现在，电视已成为当今世界上最重要的新闻传媒之一。在我国，电视已成为人们获知新闻信息的主渠道。据“1997 年全国电视观众抽样调查”表明，人们对三大传媒的接触率高低排序依次为电视、报纸和广播；而在人们收看电视的动机上，“了解国内外时事”也已超过“娱乐消遣”，成为观众收看电视的首要动机。以上种种情况表明，随着社会的发展，人们对新闻信息的需求日益强烈，电视理所当然地应将新闻传播作为自己的首要职能，而且由于电视独特的传播特点，在发挥新闻传播功能上，它与其他传媒相比，也具有诸多的传播优势，具体表现在以下三个方面：

1. 时效性最强

电视科技的飞速发展使电视拥有最现代化的信息采集和传播手段，它不但能对新近发生的新闻事实及时报道，还能在事件发生的同时进行同步直播报道。电视新闻传播具有最强的时效性，这是它与其他新闻传媒相比最大的优势。

2. 具有最强的现场感

声画同步的形象性是电视传播的一大特点。电视新闻传播可将新闻事件的现场景象形象生动地展现给观众，使观众既看到现场的实况和过程的发展，又听到场景中的声音，仿佛身临其境。电视还可以通过展现记者、主持人的采访提问、即兴点评及人物的交流、对话过程，给观众一种面对面交流的亲近感和真实感。电视新闻传播的这种极强的现场感和传真性，使它具有很强的说服力和感染力，能够极大地调动受众的参与意识。

3. 信息容量大

电视新闻传播已经克服了早期在深度报道方面的不足，可以通过深入细致的调查和采访，不仅能使观众了解新闻事件本身，也能对新闻事件的来龙去脉、前因后果及其产生的背景和意义做全面深刻的分析理解，如美国 CBS 的《60 分钟》、中国中央电视台的《新闻调查》等栏目都在深度报道方面进行了大胆的探索并取得了观众的认可。

正因为观众对新闻信息的强烈需求以及电视在新闻传播上的独特优势，使得我国各级电视台都将新闻传播作为电视最基本、最重要的社会功能，将新闻节目作为电视节目的主体。电视以新闻传播作为它首要的社会功能，这一点也决定了电视在舆论引导上的重要作用。新闻传播对舆论具有直接而强烈的影响，它既可以反映舆论，又可以组织和引导舆论，还可以依靠舆论的力量对社会生活发挥监督作用，进行舆论监督。电视新闻传播要发挥好自己的舆论宣传功能：一是要在坚持正面宣传为主的基础上，迅速而广泛地向广大观众提供真实、生动的新闻事实。二是要坚持正确的舆论导向。三是要更进一步发挥电视新闻的舆论监督作用。

（二）社会教育功能

电视教育以电视这种现代传媒作为中介和手段，具有技术的先进性、开放的辐射性、系统的网络性、广泛的社会性等特点，是社会教育的一个重要的有机组成部分。随着社会生产力的不断发展、科学技术的不断进步和社会生活的日益丰富，电视教育的内容和范围在继续扩展，手段在不断改进。无论从社会层面还是从技术层面来说，电视教育都有巨大的潜能和广阔的前景。

电视的社会教育功能主要是通过电视教学节目和电视社会教育节目这两种形式实现的。与教学节目相比，电视社会教育节目在内容和形式上都要丰富得多。

（三）文化娱乐功能

电视的普及使电视的娱乐功能更具大众化和平民化，更具愉悦性和易得性，也使电视成为与人们日常生活关系最为密切的娱乐工具之一。

电视娱乐功能的发挥主要是通过娱乐节目的形式来实现。从当前我国电视发展的现状来看，电视娱乐节目主要包括影视剧、文艺专题、文艺晚会以及综艺类、游艺类、竞技类、音乐类电视节目等。随着电视娱乐节目的增多和形式的多样化，电视的娱乐功能不断得到加强。如何充分而正确地发挥这一功能，是电视界需要面对的一个课题。

（四）信息服务功能

随着社会主义市场经济的发展和人民生活水平的不断提高，人们对各类信息服务的需求日益强烈，电视的信息服务功能也日益突出。

电视传播的兼容性特点使得它在信息服务功能上具有十分丰富的内容，除了电视中的报时、天气预报、生活顾问、旅游指南、法律咨询等人们所熟悉的信息服务外，还包括近年来逐步兴起的各类经济信息服务以及为满足观众精神需要提供的多种其他有关服务，而且电视信息服务的领域还在不断地拓展。电视信息服务的表现形式也在不断地创新。具体说来，电视在发挥它的信息服务功能上近年来又出现了如下新的变化：

1．更强调电视服务对百姓生活的务实性、贴近性，从中体现深层次的人文关怀。这一方面表现在电视服务从物质生活进一步推进到精神生活领域；另一方面，在生活服务上，近年来的电视服务节目更强调给百姓生活提供务实、贴近的服务点，体现细致周到、体贴入微的精神关怀。

2．优秀的电视服务节目逐步从具体的细节、方法服务向观念服务拓展和演变。

3. 服务性内容与科学知识的普及结合得更加紧密。

4. 电视的经济服务功能日益受到重视，经济信息成为电视信息服务的重要内容。广告也是信息服务的重要内容，它是随着经济的发展而同步发展的，在社会上产生了重要的经济和社会效益，其积极作用得到了广大观众的认可，特别是公益广告的功能更是得到特别积极的评价和肯定。但同时也应注意防止广告产生的负面影响。

第二节　电视传播的社会效果

电视传播的社会效果概括起来，主要有如下几项：

(一)“议程设置”的功能

电视在一段时期内连续以某一内容作为电视传播的重点和“头条”，安排在黄金时段里播出，就会引导受众集中视线，形成社会公众关注的“热点”和社会舆论关注的焦点。

议程安排合理得当，既有利于社会的进步，也有利于媒介本身的健康发展；反之，如果为了某种需要，把一些不重要的新闻题材，小题大做，误导受众，会使受众产生与实际不符的错觉和种种负作用。如果“议程”长期安排不当，就不能全面准确地反应社会现实，从而使电视传播的内容逐渐失去观众的信任。

(二) 文化规范的培养

不论是一个民族的优秀文化遗产、伦理道德，还是随着社会进步和发展而形成的新的文化规范，诸如价值观念、思想修养、伦理道德、审美情趣以至于心理结构等等，都有赖于大众传播媒介锲而不舍地进行传播和熏陶。这种功能不是立竿见影地起作用，而是日积月累、潜移默化地影响着社会公众的精神领域。

此外，电视传播还可通过传播的内容对受众产生示范效应，以强化社会规范，促进社会准则的实行。由于电视直观、形象、富于愉悦性，能够同观众保持最密切的传受关系，因而在这方面的功能更是不可低估。

（三）授予"知名度"

在现实生活中的一些人物一经大众传媒的报道，就易于为社会公众所知晓，成为"新闻人物"，而电视媒介在这方面更有独特的效果。被报道者在出镜时的形象策划、包装以及其他相应的引导能轻易改变被报道者的形象，使观众产生截然不同的认知判断和心理感受。

（四）给人以情绪宣泄的机会

电视的这种功能有利于社会矛盾的缓冲和社会心理的平衡。从节目总体上看，欣赏性强的文艺类节目、竞技性强的体育节目和游戏娱乐类节目，一般来说都具有这样的功能。直接为观众排忧解难的节目、心理咨询和政策咨询节目等也能为某一部分观众释疑解惑。

特别值得提出的是包括批评性报道及信息反馈、观众评论在内的反映舆论监督的节目，在伸张正义、发扬民主、维护法制等各方面，也为广大百姓合理正当地发表自己的观点、见解和主张开通了诸多渠道。

（五）密切社会沟通和文化交流

电视是重要的沟通交流信息的媒介和"桥梁"，电视便于展现人际交流的传播优势又使它在加强社会沟通方面具有重要作用。电视对于促进"上情下达、下情上达、左右沟通、相互理解"具有明显的效果。

在文化交流上，电视信息传播范围的广泛性与内容的易受性特点使它成为不同民族、不同地域间文化交流的有力工具。特别是随着卫星通讯技术的发展，电视传播日益呈现全球化的趋势，使电视在跨国、跨文化交流上的作用更显突出。

（六）引导和形成社会流行时尚

电视传播覆盖面广，深入社会的各个角落，具有强烈的冲击力和号召力，电视传播形象、直观的特点也使它更容易对受众产生示范效应，从而起到一种引领社会流行时尚的作用。

（七）为人们提供社交话题

电视等大众传播媒介覆盖面广，其传播内容为社会各阶层、各地区的众多受众所共知、共享。因此，凡是重大新闻事件、新闻人物、科学发现、珍闻趣事等等，以及涉及多数群众切身利益的节目，往往为人们提供日常交往中的共同话题。诸如此类的信息交流有助于人们沟通思想、观点、情感，形成人际关系中的同体感和凝聚力，也使电视成为促进各阶层观众更好地融入社会的一种润滑剂和催化剂。

（八）构造“虚拟环境”及麻醉精神

这是电视传播的主要负面功能。“虚拟环境”是指在现代社会中，大多数人对“身外世界”的感知主要是依赖于媒介所构造的“虚拟环境”，但这种“虚拟环境”并不是现实世界本身，它最多只能再现部分生活场景，甚至会对现实世界进行歪曲和改造。“虚拟环境”的功能如果被某些心怀叵测的人所利用，就会造成极端不良的后果。这一点已为中外传播史上许多具体实例（如二战期间德国纳粹的宣传和我国“文化大革命”期间的宣传等）所证明。电视作为一种大众传播媒介形式，同样具有构造“虚拟环境”的功能。

此外，大众传播尤其是电视传播占用了受众相当多的时间，使部分受众满足甚至沉缅于感官享受中，形成懒于动脑、不爱思考的习惯，从而失去了对社会现实问题的关注及思考和行动的能力，成为电视传播的“麻醉品”。电视的这些负面功能已引起了社会学者和广大电视从业者的密切关注。

复习与思考

一、思考电视传播的主要社会功能和电视节目形态之间的关系。我们知道，以电视传播的功能为依据，常常把电视节目划分为电视新闻节目、电视社教节目、电视文艺节目和电视服务节目四大类，那么，每一类节目是独立的、互不相关的来完成电视传播的某种社会功能的吗？

二、电视传播具有广泛深远的社会影响力，但人们对电视传播效果的评价并不都是正面的，如何才能克服电视传播的负面效应，使电视发挥更为积极的社会作用，保证电视传播的健康发展？

第五章

电视的符号及其功用

自学提要

• 分析电视的三种符号表现形式——图像、声音、文字，它们各自的特点和作用有哪些；在具体的电视节目创作中，三类符号形式如何综合运用，才能做到相辅相成，更好地表情达意。

• 电视作为以视觉表意为主的传播媒介，图像是其最重要的传播符号。要理解图像的全面含义，可以从影像、画面、镜头、镜头的连接四个层面着手分析，弄清楚这四个层面间的相互关系。

图像、声音、文字符号都是电视节目内容的载体，也是任何电视节目的外显形态。从电视表现形式来说，这三类符号构成屏幕上视听语言的最基本的元素。

第一节　电视图像符号

一、电视图像的主要特点

电视图像拍摄与播放能够同时进行。与电影相比，它无需经过胶片冲洗、拷贝等环节，具有拍摄播出现实共时态的优势，可以不受地域、时间的限制，传播简便、及时、快捷，也为电视节目的直播、现场直播提供了技术前提。

电视在拍摄影像的同时，通过一体化的摄录设备或其他声音采集系统，简捷方便地同步拾取现场的各类音响和语言，给受传者以丰富的来自拍摄场景和拍摄对象的完整视觉与听觉双通道的真实信息，为观众提供通过视觉和听觉来观察客观事物的立体空间。

电视图像内涵丰富，包容性强。所有直观生动地传播信息的形象化手段均可列入电视图像范围之内，比如比例图、示意图、绘画、动画、漫画、模型、台标等等。广义地说，主持人、播音员、记者的服饰也是一种传播信息的影像语言。

数字技术的使用对电视图像的影响尤其明显。数字技术对电视图像所产生的革命性意义在于，它打破了影视的美学基础——影像本体论。影像本体论认为摄影影像产生于被摄物本体，影像与现实中的被摄物同一，影视的本性是照相、是物质现实的复原。数字特技和数字生成影像等数字技术的大量使用，使影视摆脱了影像本体的束缚，它所创造出来的真实不再是物理实在的真实，而可能是现实中不曾存在的真实。数字技术为影视的表现开拓了全新的广阔空间，为创作者提供了几近无限的创意可能，而且从影视比较的角度看，由于电视以现代电子技术为依托，它本身所具有的电子性使它较电影更容易吸收和使用数字技术，从而拓展屏幕影像的新领域。

二、电视图像的四个层面——影像、画面、镜头、镜头的连接

电视的图像是指电视的所有视觉表达因素，它与声音、文字共同构成电视表意的完整的符号系统。而仔细分析电视图像的所有视觉元素，又可以将其分为影像、画面、镜头、镜头连接四个层面，而这四个层次之间又是相互关联的。

(一) 影像

影像，是电视屏幕上显现出来的物质现实的存在形态，它不是物质现实本身，而是与其极其相似的光影。

尽管电视影像可以表现风驰电掣的运动，也可以展现多彩多姿的景观，但这些都要落实在独特的物质结构形式——录像磁带上。人们看到的无限丰富的运动现实并不是物质的现实本身，而只是物质的影像。电视的物质运动，尽管看上去绝对真实可靠，但它并非实际的运动。当我们把电视的运动分解到最小的单元，我们会发现，它是一个个记录着运动瞬间静止形态的画幅，而并非物质本身的运动形态。这一系列静态画幅在屏幕上以每秒 25 帧的速度连续出现，电视观众通过人眼的视觉暂留产生的频闪效应，把画面连续起来，让瞬间的空间格局在时间向度上展开，从而为运动的陈述注入了生命。

影像是电视显现运动世界的物理介质层面，是画面视觉形象的存在形态。掌握基本的技术技巧，如拍摄角度、拍摄方法、照明方式等等，是影像正确还原的必要条件，同时，根据摄录设备的记录特性进行创造性的发挥，又可以创造出特殊的气氛与效果，如白天拍夜景、用仰拍表现物体的高大等等。

了解电视的这种根本的表现特性，对于创作是很有用的。只有这样，电视从业者才能更好地使用手中的摄像机去表现现实，

才能更好地利用特技和编辑手法创造效果。

（二）画面

电视的最小表意单元是画面。画面是表现在屏幕上的影像建构形式，这种影像的特征在于使它与所表现的实物有极大的相似性。

画面主要是一个空间概念，它通过画面中的物象以及物象的组织构成方式和关系来表达意义。画面在表达意义时，必须借助于相关性的整合，而这种相关性又反过来影响了画面本身的含义。在选择画面时，确定画面的内涵和外延性质是很重要的。

画面的内涵是画面本身内容所具有的隐含意义和相关意义，如野草、小花都具有春天的气息；盖房的人、种田的人都是劳动的人等等。画面的外延是某一内涵意义所表现出来的具体物质，如小花、野草是春天的外延；裸露的根须、干朽的枝条、粗糙的树皮是衰老的外延等等。剪辑往往利用了画面的外延，把具有共同内涵意义的外延画面组合在一起，创造出一个明确的意思。因此，在选择画面时，确定画面的内涵和外延性质是很重要的。画面的外延与内涵是在剪辑的过程中产生的。画面的本身意义并不只具有一种外延性质。因此，寻找画面组接的相关意义去创造外延，同样也是很重要的。

由影像记号构成的电视画面具有以下几个方面的意义：

一是具象性的意义。画面中的具体形象作为一个信息的整体，表示了个别的具体事物和事物的存在方式，某个人或某个物在某种特定的情境中按着某种运动方式在活动。这种具体的形象由多种影像记号组成，传达着一种立体的信息。

二是意象性的意义。由于在一个没有特定情境和上下文联系的画面中，影像可以只是一个记号，所以它并不单纯地表示被拍摄的那个具体的实物，而可以使该物体在一个社会性语境中起到特定的记号作用。作为记号的影像与影像本身是有区别的，如屏幕上的一个人作为记号不等于就是“这个人”，而可以由这个人的有关特征来代表“人”的意义，这时被指示的物体就不再是个体的概念，而成为由个体组成的“类”的概念了。在很多时候，创作者正是利用这种“类概念”所创造的心理意象，来进行形象性概括。

三是抽象性的意义。画面的直接形象通过巧妙结合可以产生联想性、含蓄性的意指作用，使之产生出引伸意义和相关意义来。这种意义具有抽象的理念色彩。

画面的意义只有在进入了叙事系统之中，才能发挥出完整的表意作用。

（三）镜头

镜头是电视作品中最基本的叙事单元。从物理性能的角度讲，它是由若干静态画面组成的一段连续的动态影像流程，从表意的角度讲，它是具有主体运动内容的叙事过程。它既有二维平面表现三维立体的空间特性，又具有影像连续运动的时间特性。与画面相比，镜头更具有时间的意义。

镜头是视觉形象运动的记录形态。它记录了现实生活的一个片断，这个片断是行为时空中事物发展的一个侧面。

根据不同的标准，电视镜头可分为：

1. 根据画框内表现出的视域范围分为：远景镜头、全景镜头、中景镜头、近景镜头、特写镜头等。不同的镜头形式由于展示的空间范围不同，在叙述内容时就具有了不同的表现功能。

2. 根据摄影机与被摄体形成的角度分为：仰角镜头、俯角镜头、顶角镜头等，不同角度的镜头由于具有不同的透视效果和构图形式，因而具有不同的艺术表现力。

3. 根据摄影机的运动情况分为：固定镜头、摇镜头、移镜头、推拉镜头及变焦镜头等。运动镜头使画面更为生动丰富，能增强视觉动感，有助于形成富有表现力的艺术节奏和气氛。

4. 根据镜头的时间长短分为：长镜头、短镜头、闪镜头等，不同长度的镜头对于表现情绪效果有不同的作用。

不同类型的镜头当它参与到作品的叙事系统中去时，在屏幕上会呈现出不同的审美效果。

由于镜头是通过视像流程参与一定时空关系的运动过程，因此，镜头具有这样几个明显的特点：

(1) 形声一体化的影像结构

运动着的事物作为一种现实存在，它具有声音和形象双重属性，两者是以形声一体的形态结构存在的，物体在运动的同时，也发出声响，两者是不可分离的。作为影像叙事单元的电视镜头，从根本意义上说，应该是同时记录和还原这种客观现实的形声结构。尽管摄录设备的机构物理性能使形象和声音分别记录，但是这并不能改变电视镜头记录运动现实的本质意义。

(2) 行为时空的再现

一个镜头是一段生活片段的记录，因此它与这一段生活现实有着直接的对应关系。从根本的意义上说，一个镜头是与现实同步发展的一段影像流程，因此，它描述了一段真实的信息，它所传达的信息是一种立体形态的复合信息。从时间角度看，信息的传达显现出运动发展的形态，未知不断显现，信息量不断增加。从空间的角度看，信息的传达呈现为主体的多层次的“场”状形态：从画框内主体、陪体、前景、背景的不同方位上，从画框外所带来的暗示、联想中，以及从运动、变化的不同形式里，都在提供可供人们接受与选择的信息。

(3) 表意的不完整性

在电视创作中，电视镜头的表意作用不是独立存在的，它往往要从镜头之间的关系中产生。从叙事角度讲，单个镜头在表达意义方面就具有不完整性。在许多情况下完整的视觉信息是靠几个镜头的组合完成的。在电视作品中，镜头只有进入到由一系列镜头构成的叙事系统中，才能是真正有意义的。

（四）镜头的连接

电视叙事功能的完成，从形式上看，最终要依靠镜头的连接。镜头连接的最基本要求，就是要在转换过程中使人的视觉注意力感到自然、流畅，使人的注意力从这一镜头自然地转到下一镜头，也就是说，不要产生视觉的间断感和跳跃感。当然，在一些特殊条件下为了制造出人意料的视觉效果的情况除外。

电视画面向人们传达的视觉信息，有多种构成因素，如形态、色彩、影调、运动等等。这些因素直接影响着视知觉的信息接收，它们有机地、和谐地变化，是形成视觉连续的感觉的基础，这些因素的冲突与对比或大幅度变化，形成的则是视觉震惊感觉。

变化幅度的大小与视觉感受的强弱是一个量的正比关系。一般来说，变化幅度越大，视觉感受越强；变化幅度越小，视觉感受越弱。因此，在创作时，根据不同的目的去控制变化的幅度是建立连贯的基本方法。若要想流畅平缓，就要减弱这些因素的变化幅度；若要造成震惊和突变，就要增强这些因素的变化幅度。

视觉跳动是一种很微妙的心理现象。镜头和镜头连接，本身就是一种形象的中断。景别的变化，比如从全景到中景，实际上也是一种较大幅度的空间位移，因为被摄主体所占画面的面积发生了明显变化。相反，相同背景中的主体错位，如停一下机再拍，只是一种小幅度的位移。但是观众的视觉经验表明，前者使观众得到的是视觉连贯感，而后者造成的是视觉跳动，这是什么原因呢?

完形心理学（即格式塔心理学）对人们视觉感受的这种微妙现象是这样解释的：人们视觉对“形”的感受是一种知觉对“形”的组织和建构（格式塔的“形”不只是就简单的图形而言，而是包括一切被视为整体的东西，如一个意象，一种颜色，一个动作，一首曲调，以至一个蒙太奇构成)。“形”是由各种要素和成分组成的，但它不是各种成分的简单相加，而是一个完全的独立于这些成分的全新的整体。比如一个蛋糕不是金黄色、甜、香、酥的相加；再如一个蒙太奇构成并不只是全、中、近不同景别镜头的简单相加。对于格式塔心理学来说，部分不能决定整体，反而是整体的性质对“部分”的性质有重要的影响。

格式塔心理学认为，对“形”的感受，并不是“形”的简单反映，而是知觉经验的一种组织、一种结构。格式塔心理学家还发现，人们最容易接受的“形”是最规则（统一、和谐、对称等）和具有最大限度简单明了性的形态。根据这种心理，人们会对不符合这一规则的“形”表现出一种强烈的改造趋势，一方面放大和扩展那些适宜的特征，另一方面校正那些妨碍其成为一个简洁整体的特征，通过知觉经验的组织使它成为一个整体。如一个⌂型，人们会自觉地把两条线延长看成一个三角形；一个留有一个缺口的圆⊂，缺口会被自动补齐，被看作一个圆形；另外，两根相随的线“— —”人们会认为是一根线的暂时中断。镜头组接的视觉连贯也是同样道理，它也是一种人们对蒙太奇构成的知觉经验。比如，表现一个动作，从全景、中景到特写，从整体性质讲是一种统一、和谐的形态，就像“— —”的线一样，会被认为是一个动作在人的注意力变化时的结果，在知觉经验中它们是被组织结构成一个整体的。而在同样背景中主体错位的情况下，镜头的组接就呈现出一种不同的组织水平，就好像是“＿ ￣”的线，它不具有统一、和谐的性质，往往被人视为两个部分，观察者的注意中心会呈现跳跃的状态。这种不同的组织水平又伴随着不同的感受，当知觉经验要把它组织成一个整体时，给人的感觉是艰难的，这也就是人们在这种情况下会感到视觉跳动的原因。

在完形心理学那里，这种知觉经验被解释为一种能动的自动调节倾向，即机体追求内在平衡的倾向。当非平衡结构模式出现时（具体说就是出现镜头组接而不是单一的镜头时），会破坏内在平衡，因而引起极大的心理作用来构建和组织被破坏了的平衡。

用这样的理论来说明电视的镜头组接这种独特的视觉连续还是比较合理的。可以说，视觉连续感，并不是画面的连贯，而是观察者运用自己已有的知识和经验填补空白的一种完整的感受。

为了视觉连续感，在镜头连接时应注意以下几个因素：

(一) 形态因素

画面内物体的形态特征是影响视觉连贯的重要因素。形态包括人的动态、物体的形态、线条走向、景物轮廓等等。在上下镜头连接时，两个画面的主体形态相同或相似，容易获得视觉的流畅感。常有这样的组接，如汽车轮接自行车轮、模型船接大海中航行的船，教堂接尖顶房等等，这都用了相似体的转换。至于同类物体，大楼接大楼，野花接野花等更是常见的。

人物活动中的镜头转换，主体所处的位置很重要。主体位置在画面两侧不断变化，会使人的视觉注意力来回跳动，产生不连贯感。

形态造成视觉跳动的原因有：①物体的形态差别太大；②物体虽相似但景别变化太大；③主体在画面中位置相反；④视线或方向明显的匹配错误。

(二) 动态因素

画面内物体的动态特征，也是影响视觉连贯的因素。动势的产生有多方面的原因，比如画面内主体的运动、摄影机的运动、不同主体的运动等等。视觉连贯的产生就在于这些运动因素所造成的动势流程能够顺畅地行进。一旦动作流程明显地被切断，动作就失去它原有的节奏，这样就会产生视觉跳动。

动态因素造成视觉跳动的原因有：①运动方向不一致（特别

是两个反向摇镜头相接)；②两个镜头的运动速度明显不一样；③在接动作时动作出现重复或停顿；④从静到动或从动到静的突然出现。

(三) 其他造型因素

其他的造型因素也影响着视觉连贯，因为它们也直接刺激视知觉。

1. 影调变化对视觉的影响很明显。大反差影调的两个镜头组接，尽管它的画面主体相似或运动速度相应，仍会给人很大的视觉跳跃感。这时，应尽量选用别的镜头或中间夹一个过渡性的镜头来补救。

2. 景别和视角的变化有时也是重要的。在表现同一个主体需要变换景别时，景别变化一定要大。景别变化太小，会使人觉得好像是摄影机的抖动，而不是有意识的切换。如果景别变化不大，就要选用在拍摄角度上有较大变化的镜头，角度变化一般来说要在45°角以上，但注意不要跳轴。

3. 色彩的跳跃一般来说对视觉影响不很大。一个夕阳映红的晚霞马上接一个冷调的夜景，人们是会接受的，因为它符合生活的逻辑，欣赏时的观众的心理定势会战胜视觉的直觉。但在一组镜头里，白天、晚上或内景、外景频繁地跳切，也会使人感到不顺畅。在剪接时，特别是连接动作或同一空间范围的镜头连接时，要尽量注意做到色彩的统一。

应当指出，镜头组接的目的不是为了视觉连贯而是出于表达主题和感情内容的需要，最重要的是要达到镜头之间感情色彩的平衡，创造出引人入胜的屏幕形象来。镜头组接的机械流畅只是次要的，有时甚至是无关紧要的，切不可被“连贯”束缚了手脚。

第二节 电视声音符号

电视从一开始就以视听两种手段发挥其媒介的功能。画面和声音的有机配合造就了电视的特殊品格。对于一个电视工作者来说，掌握运用听觉手段和掌握运用视觉手段是同等重要的。

一、对电视声音符号的认识

声音是客观世界存在的外显形态，也是人们感知、把握客观事物必不可少的通道。电视作为声画一体的媒介，声音符号在节目制作中的重要地位是不容低估的。

人们对声音的认识是随着人们对电视媒介的认识不断深化的。最早，电视节目的声音成分只有解说和音乐，那时电视节目制作还处于影片阶段。技术条件的限制使自然音响难以进入电视作品，音乐一铺到底，解说词喋喋不休，这种创作手法成为电视节目声音创作的通用格式。

后来，人们发现，什么样的环境都配音乐，工厂的工作、街道的行人，甚至人们的谈话或是恬静的晨景都配音乐，会使人感到厌烦，而且使人对所表现内容的真实性产生怀疑。创作者也认识到，真实的声音应该成为电视节目不可或缺的一部分，于是，自然音响开始作为一种重要的表意因素被电视工作者所注意。

再后来，人们认识到，电视应该更真实地反映生活，同时也应该是人们发表自己观点的场所，所以电视节目越来越多地让人们开口讲话了。这样的同期声讲话具有不容置疑的真实性和权威性。

人们对声音的认识还在不断地深化。声音不再被当作画面的从属物，而是作为独立的表意因素存在了。声音作为一种独立因素，不再像过去的音乐只是一种填空，而是为了传达一定的信息。自然音响传达环境气氛和现场效果，效果音响造成某种情绪意境，访谈为了塑造性格、表达观点，解说词也不只是补充画面的不足，而有了新的用途——如交流作用、独立的表意作用、议论作用等等，即使是无声也是一种声音运用的独特形式。

二、电视声音符号的种类和作用

电视中的声音符号主要有这样几类：人物同期声、自然音响、效果音响、解说词、音乐。它们在作品中经常相互配合、相互作用，从而形成一种综合性的声音效果。

1. 人物同期声——主要指画面上出现的人物的同步语言，这是一种直接的真实声音。

(1) 人物同期声的分类

由于对象关系的不同，同期声有以下几种：

主动型，即以采访者、传播者身份或相类似身份出现的人物同期声，如采访者、主持人、报道员或主人公自述的声音，用来讲事实，发议论、引导节目内容的发展。

被动型，即被采访者或被拍摄者的语言，用来讲观点、释疑问。它受影片内容发展的控制，面对观众容易产生直接交流的感受和效果。

交流型，即采访者和被采访者、组织者和被组织者一问一答的语言，也有一群人的讨论语言。它有较真实、较活跃的现场气氛。

(2) 人物同期声的作用

从声画结构看，人物同期声讲话是一种有声画面，应属直观形象系统，即图像系列，而从表意形式看，它却属于语言系统，即解说系列。在有人物出现的人物同期声的画面中，人物动作和声音同步出现，作为一种复合形态，它兼有了图像与解说的双重功能。

从表意形态上看，人物同期声讲话具有解释说明的作用，但它和解说的作用又不尽相同。

人物同期声的基本特点在于：

首先，它在具体的行为时空中展开，有声语言成为事件的一部分，既使画面保持了其本来的意义，又使得语言具有了可靠的真实性。

其次，它有明显的个体化特征。语言出自某个具体人之口，尽管它是作者有意选择出来表达作者意图的，但同样具有明确的对象性、客观性和权威性。

再次，它能表达相对完整的抽象意思。虽然人物同期声是一种有声画面，但与表现事件的有声画面不同，声音不是作为传达现场气氛的因素，而是作为独立的表意因素而存在的，它更主要的是为了让人们去听画面中的人物说了些什么，而不单纯是为了让人去看他们做了些什么。

2. 自然音响——指生活环境中自然存在的声音（甚至包括噪音）。自然音响同画面结合，能造成真实的环境感觉。

自然音响分两种：

(1) 同步的自然音响

同画面本身的声源相吻合，拍什么录什么。它的优点是真实自然，制作起来方便。但是在镜头转换时，如果画面环境变化较大或声音相差较明显时，会出现较大的效果差异，使人感觉声音不连贯。

(2) 对位的自然音响

这是一种附加于画面的自然音响。为了使声音具有一种连贯性，用一个连贯的音响贯穿一组画面，造成连贯的声音效果，比如街道上的行人、工厂里的工作场面等，有时也为一些没有声音的画面或声音不好的画面配上相应的自然声响，如寂静早晨的鸟叫、夜晚的虫鸣、轮船开动时的汽笛声音等等，用来表示真实的现场气氛和生活环境。这种音响是人为制造的有声源音响，有时为了表意的需要也利用这种音响传达意义。

3. 效果音响——指那些为了某种特殊效果而加入的音响，为了造成某种意境、气氛或强调时使用。效果音响是一种主观音响，但必须以一定的自然音响作依据，符合一定的生活根据。

4. 解说词——指附加于视像之上的画外语言，用来解释、议论、抒情、介绍背景、表达作者观点等等。

解说词是一种附加于影像之外的声音成分，它为画面确定意义内涵，是一种主要的叙事因素。

解说词以解说员播讲的语言形式表现出来，从本质意义上讲，它是作者理性思维的直接外化，用以解释、议论、抒情、介绍背景、表达情感等等。一般来说，不同题材的电视作品对解说词的运用有不同的要求，知识性、欣赏性较强的题材讲求解说词的文学性和诗意，而纪实性较强的题材则更多地要求解说词的公正和朴实。但是，解说词的情况又比较复杂，它不仅与题材的性质有关，而且与创作者的美学情趣、风格爱好、创作观念等有着很大的关系。从目前电视节目的发展看，人们越来越注意解说词中作者明显的思想感情和独特个性，否则就让事实说话，让主人公去说话。

美国的纪录片研究者比尔·尼考尔斯曾经在《纪录片的人声》一文中分析了纪录片中语言的四种风格。这四种风格概括了人们对解说词的认识逐步深化的过程以及相应的美学观念对解说的影响。

一种是直接解说的风格。这种模式的主要特点是利用画外解说的方式引导内容发展，在许多时候解说词有效地支配着画面。这种解说词没有明显的人称概念，它以一种想象式的、命令式的口吻出现，所以又被人称作“神的声音”。在大量宣传题材、政论题材、历史题材以及典型经验报道类型的电视节目当中，富有思想性和召唤力的解说词经常是节目的主干，它以教诲式的语言试图直接控制观众的思路，引导观众的思维。尽管直接解说的风格能够提高影片的思想价值和文学品位，但是它的理想性和教诲性往往使影片叙事脱离影像本体的具体性，成为概念的集合。

由于纪实美学的兴起，第二次世界大战之后，出现了另一种“真实电影”的风格。这种风格使解说词退居到事实的背后，用直接表现不受干预的事实来增加真实的效果，解说词在这里只起一种介绍背景和串连内容的作用。这种解说风格的兴起，首先建立在新技术的可能性上。由于手提摄影机和同步录音机的出现，人们可以在自然条件下去捕捉人物的活动和自然的声响，通过记录、反映事实发展的自然过程为观众提供完整的内容意义。在这种类型的作品当中，主要的叙事因素是画面提供的事实本身，而不必借助于明确的解说词。纪实美学为这种风格提供了理论上的依据，纪实美学认为电影应借助摄影机的影像还原功能成为最现实主义的影像表现，“摄影的美学特征在于它能揭示真实”，“能够还世界以纯真的原貌”（巴赞语）。它强调叙事结构的完整性要受到尊重，让事实尽量保持它原有的透明性和多义性，不要用附加的解说去限定事实的意义，这样，可以让观众自己去对他看到的事件和人物做出结论。这种手法的缺陷在于往往不能向观众提供足够的事件的背景情况和因果联系，尽管有时使人很感兴趣，但经常又使人困惑不解。由于它严格受到事件具体性的限制，有时难免缺乏深刻的意义并难于表现人物的心理活动。

到了70年代，又一种新的风格出现了——访问式的风格。这种风格主要表现为，在采访中让被采访人或解说员作为事件亲自参与者在摄影机前讲述他们自己的故事。这种解说的形成，主要得益于电视报道的发展。访问式的解说建立在对事实进行客观报道的基础上，它通常以解说词与人物讲话相结合的方式提供解说所应提供的内容。它在现场画面中间穿插访问谈话，使一部分本应由解说表述的内容借被访者之口说出，使之具有明确的对象性和具体性。由具有权威性、代表性的当事人、见证人直接向观众叙述，不仅向观众提供了当事人的议论与观点，同时又避免了创作者主观介入的嫌疑。这样，使人感到更公正、更客观也更可信。与真实“电影”相比较，虽然两者都强调事实本身的客观意义，但后者更利于表现思想内容和人物的心理活动。

随着创作观念的变化，随后又出现了另一种倾向——在尊重事实客观性的基础上，强调作者的主观介入，于是出现了“自我参与”式的解说风格。这种创作观念强调作者对现实的描述、对现实的认识和理解。创作者决不只是一个客观的旁观者，而主要是一个参与的目击者，一个意义的创造者和一个论述的制造者，同时，也是一个有头脑的报告者。“自我参与”的风格主要表现在解说词有明显的人称概念——创作主体的第一人称。它使附加于视像之上的“神的声音”有了明确的对象性。创作者作为具体的个体把自己的看法、自己的评价，特别是自己的情绪传达给观众。虽然只是叙述角度的不同，但对观众来说，却是一种关系的变化，创作者同观众是在一种平等的地位上进行交流。这种“自我参与”式的解说词和主持人访问相结合的手法，在现在的电视纪实类节目当中越来越多地被采用。

5. 音乐——音乐是抽象的概括艺术，它的作用主要是表达情绪和情感关系。

音乐的运用不是服从画面，而是服从内容的需要，不一定优美的画面就要有优美的音乐，而应该根据内容的需要，该用则用，不该用坚决不用。一般来说，音乐不应该用作叙述，而应该用来深刻揭示事物或人物内在的品格，用来烘托情绪和表达情感。因此，对音乐的使用往往比较慎重。

第三节　电视文字符号及三类符号的综合运用

一、电视文字符号

电视文字符号，也就是常说的字幕，是通过屏幕显现，以阅读的方式来接受的信息。字幕的出现为人们接受信息开辟了阅读的通道，增添了一种载体。从本质意义讲，字幕具有与语言相同的表意功能和解读方式。但是，从形式角度看，它是一种完全的文字系统，在电视节目中通常又是与语言相分离的接收系统。所以，可以说，字幕是一种独特的表现元素——画面的接收方式和语言的解读方式。这种特殊性使得字幕的运用首先必须注意与有声语言的和谐关系，它只能是有声语言的补充或加强，不能成为理解有声语言意义的干扰因素。这种干扰主要表现在：

1. 字幕过多，顾得听，顾不上看，顾得看，顾不上听。

2. 字幕与有声语言在意义上相差甚远，理解了字幕，顾不上语言，理解了有声语言，顾不上字幕。

3. 字幕晦涩难懂，需要长时间去理解。

在目前的电视节目创作中，字幕的运用日渐增多，通常字幕的用法有这样几种：

1. 说明性字幕：主要对画面作辅助性介绍，如人名、地名、时间以及事实梗概等等。这样可以简单明了地使观众了解最基本的新闻要素，无需再用解说来说。这是一般节目中最常用的。

2. 强调性字幕：主要对画面或语言解说所表达的意义进行强调，使人们加深对节目内容的理解。这种强调通常有两种方式，一是抽出内容的精要打成字幕，观众从阅读中直接理解某种意思；再一种是通过对解说的重复来加强意义的感受程度，造成强调效果。

3. 信息性字幕：主要是作为一种独立的表意单元传达某种相对完整的信息，用来补充节目直接内容之外的信息。

4. 可读性字幕：这种字幕不是为了介绍或说明某个事物，也不是单纯为了传达某种真实的信息，而是具有某种类似文学语言的作用，能使人们通过阅读产生引伸和联想。它既是对画面内容的加强，又具有游离于画面内容之外的独立意义。字幕作用于视觉，又引发人的想象，所以往往比解说更能引起人们的注意。通过字幕唤起观众的思考和情感体验，这是可读性字幕运用的关键所在，所以，它应该准确，精炼，有力度，有韵味，能起到画龙点睛的作用。

在电视节目的创作中，不仅使字幕不局限于一般的介绍性用法，而且要有可读性，这是一个很值得注意的问题，对开掘字幕的表意作用有着重要的意义。

二、三类符号的综合运用

电视是综合运用多种符号的媒介，它的兼容性要求在节目制作过程中合理而巧妙地运用各类符号元素。电视各类符号可以按一定的意图复合使用，如声画分立、画面叠印、声音混录、一屏多画面等等。多元符号的合理组合足以形成立体交叉的密集的信息“阵”和信息“场”，无疑有助于深化、拓展传播内容容量。电视各类符号多是直观的、具体形象的、动态展现的，它们直接作用于观众的视听器官，而且稍纵即逝，因此电视各类符号的使用要强调简洁明了、通俗易懂，毕竟看电视的环境和心态不同于阅读书报杂志，也不同于观赏电影。

在电视节目的创作中，根据内容和主题的需要，图像、声音、文字三类符号要尽力形成互补关系，比如当影像和同期声这两类符号不足以反映客观对象之时，就要设法调动各种资料或动画制作的形象化的材料等其他影像元素，并考虑通过画外解说以及字幕等其他手段予以补足。很多成功的新闻、社教、文艺专题节目，巧妙地利用解说或字幕与图像形成补充、旁白、对比、反衬、点化种种关系，将图像未能直接展现的丰富内涵作更深刻的揭示，使之在单位时间或某一段落之中传达更多的含意，形成更强的冲击力和感染力。各类符号之间应是协调互补的关系，力争实现 1+1+1>3 的效应。从总体上说，在运用各类符号时要扬长避短，各显其能，力争形成最佳的互补性搭配，尽力避免相互干扰，发生传播的“噪音”。

在处理三类符号的相互关系时，还要设身处地为观众着想，体察多数观众的心理需求：观众最期待看到什么样的图像、听到什么样的解说和音乐音响，观众接受各类混合符号的视听承受力有多大，等等，这些都是确保传播者的传播意图得以实现，从而获得较佳传播效果的前提条件。

复习与思考

一、电视声音符号的分类和它们在电视节目中的作用。

二、如何理解电视的图像符号和声音符号之间的关系，也就是常说的电视声画关系的问题。

三、在声音符号中，如何处理解说词和人物同期声的关系。

第六章

电视的语言系统——视听语言的演进

自学提要

• 理解蒙太奇和长镜头两种不同风格的视听语言结构方式的技术特点和理论依据，并且通过对蒙太奇和长镜头特征的比较，进一步认识这两种手法在叙事技巧和思维方式上的不同。

• 充分认识和理解所谓“蒙太奇”和“长镜头”不是截然对立的，它们实际上是视觉表意基本方法的不同表现形式，都遵循视听语言的基本语法，是蒙太奇效果的不同形态。

电视作为以活动的视觉影像为主要表现形式的传播方式，具有和电影相似的造型与结构特征，所以蒙太奇是作为电影画面组接的技巧被电视所继承和使用的。

实际上，蒙太奇作为视听语言的思维方式，是包括电视语言在内的所有以表现活动影像为主的视听语言的基本语法。

蒙太奇“Montage”（蒙太奇）一词源于法语，原意为装配、安装，后被借用到电影中。早期苏联电影艺术家把它作为一种电影的美学观念加以确立，一直沿用下来。几十年来，尽管人们对蒙太奇的解释多种多样，但归根结底都承认它是视觉表意的最基本的方法，是组织视听语言的语法。

认识电视传播的语言系统，必然从蒙太奇开始，了解了蒙太奇理论的发展，就了解了视听语言的演进。

一般说来，影视制作的后期，将拍摄下来的许多镜头按照一定的要求，重新排列、组织、编辑在一起，这个最基本意义的镜头组接，被人称之为蒙太奇。蒙太奇有两方面的意思：一方面，它是镜头组接的技巧手段，这是最易理解、也是最易引人注意的一方面；另一方面，它是视听语言的思维方式，存在于创作者创作观念之中，它贯串于影视作品从构思选材直至制作完成的全过程中。它是影视艺术构成形式和方法的总和，也是创作者从高层次把握创作风格和运用创作技巧的出发点。

电视传播语言系统的演进，应该追溯到蒙太奇技巧的产生，这就要从人类最早开始的基于视觉表意的大众传播媒介——电影的诞生说起了。

第一节　蒙太奇技巧的确立
——从卢米埃尔到格里菲斯

最早的电影只是作为一种新技术的展示和简单的游戏出现的。1895年12月法国人卢米埃尔兄弟第一次公开放映了电影，标志着电影史的开端。

早期电影几乎都是用一种非常简单的方法制成的：把摄影机对准一个物体，用手摇动摄影机摇柄，直到把胶片拍完。他们记录的内容大多是些小事或趣事，像“婴儿午餐”、“工厂大门”、“火车进站”等等，这里还没有真正的蒙太奇可言。不过摄影师在拍摄时，经常需要挪动机器，再加上胶片不够长，使影片在拍摄的过程中经常中断，这样就不得不打破固定视点和连续拍摄的惯例，因而在银幕上出现了一种根据原事件次序组接镜头的原始的蒙太奇。这种蒙太奇与其说是一种美学上的追求，还不如说是一种被迫的采用，常常没什么连贯性，给观众造成的是一种视觉跳跃和混乱的感觉，但是这在当时已使人们大为惊讶，因为人们在银幕上看到了活动的真人。最初的几年中，摄影机的发明者在世界各地开始拍摄，把游行检阅、国王访问等这样的新闻及世界各地的消息带到小电影院中。

随着电影实践的增多，一些艺术家开始利用电影来为自己服务，表达一些新奇的想法。法国演员兼导演乔治·梅里爱早年是一个魔术演员，他利用电影摄影的特点拍摄了最早的特技电影。1898 年梅里爱拍摄的“画家的笑话”，运用多次曝光、挖剪等手法向观众表演了电影魔术，但这里还没有场景和机位的变化。不久以后，故事题材的介入使电影迈出了重要的一步，影片中开始出现了预先经过安排和排练的动作片段。卢米埃尔的影片《水浇园丁》被认为是第一部用事先安排好的情节拍摄的影片。梅里爱 1899 年的影片《灰姑娘》开始把不同场景拍下来的镜头连接在一起说明一个故事，通过一个中心人物的活动为 20 个不同的活动片段确定了一种联系。通过这样的尝试，梅里爱发现，这种做法比单镜头的表现有更大的容量，能叙述一个复杂得多的故事，于是在 1902 年他又拍摄了共有 30 个场景的《月球旅行记》。在梅里爱的这些影片中，每一个场景就是一个镜头，而导演通过镜头的组接、场景的变换实现了空间范围的拓展。可以说，像《灰姑娘》等影片已经具备了蒙太奇的萌芽。

但是卢米埃尔和梅里爱他们还不懂得在一个场景中可以将镜头进行分切，始终采用固定视点拍摄，一味出现呆板的全景，布景是舞台式的，镜头的连接也是一种最简单的、机械的连接。人们把这种视点称为“乐队指挥的视点”，画面的边框相当于舞台的边框，观众看影片就像看舞台剧一样，镜头始终保持在全景的位置上。

这时候，有人开始寻找电影独有的、不同于其艺术形式的结构方式，其中比较主要的是英国人和美国人。英国的勃列顿学派发现，摄影机并不一定要固定在一个位置上，可以把摄影机推近到拍摄对象面前拍摄人物的细部，也可以使摄影机远离对象展现广阔的空间环境，于是就出现了特写、近景、中景、全景、远景等不同的景别，而且可以根据内容需要把不同景别的镜头连接起来。据此，蒙太奇的手法有了很大的进步，而摄影机也可以像人的眼睛一样自由移动了，导演可以使观众从各式各样的角度看电影，“乐队指挥”可以坐在飞毯上到处飞翔。“乐队指挥”的视点被彻底否定，显示了英国学派在蒙太奇方面的世界领先地位。他们采用多视点、多空间的方法处理现实，主要解决了三个问题：一个场景可以分割为若干镜头；一个场景内的镜头可以运用不同的景别；场景是可以转换的。这种停机拍摄、多视点、多空间的广泛运用，标志着蒙太奇技术已经基本上形成了。因此可以说，英国的勃列顿学派是蒙太奇真正的发明者。

联想到人们的视觉经验和视觉感受，你会发现人们观察事物的方式通常是这样的——随着注意力方向的变换，我们的视角和视域范围是不断变化的，忽而注视某一物像，转而又注视另一物像，有时候只要转一下眼珠就可以转移视线的方向，有时候可能要转一下头或抬一下头或俯一下头，有时候我们会觉得必须转动一下身，或者走到某一特定点。在观看舞台演出时，我们是坐在相当距离之外看着一间拆去了第四面墙而只能看见三面墙的房间，因为台上的动作是囿守在一个视域内的，所以我们不必将头转来转去或抬上俯下，但这个角度是最不自然的，是和我们在现实生活中的经验完全不相同的。当我们在现实生活中进入一间房屋时，不可能一下就看遍整个房间，我们必须从左到右，瞻前顾后，上及房顶下及地板那样看上一番，而你在每一瞬间所看到的东西都只是房间内的一个零星部分而已，房间的整个形象是由我们依次看到的各个部分组成的，但这个形象只能在我们的记忆中出现。同样的，当我们置身在一个充满活动的环境里时，将发现我们的注意力会引导眼光忽而转向这一端，忽而又转向另一端。蒙太奇作为一种表现周围客观世界的方法，它的基本心理学基础是:蒙太奇重现了我们在环境中随着注意力的转移而依次接触视像的内心过程。电影是用画面记录物像和重现运动的,它能使我们看到栩栩如生的景象,电影应用了蒙太奇后,就能准确地重现我们通常观察事物时的方式了。上述的简单原理不只是整个蒙太奇理论的关键点,而且是整个视听语言表现技巧的关键点。

美国人也在研究电影思维的新形式。美国导演爱德文·鲍特是一个经常注意电影工业的机械师，后来成为爱迪生公司的摄影师。他做了一些涉及电影剪接的试验。有一次，他在爱迪生的旧片库里发现了一些反映消防队员活动的影片素材，于是他又用演员扮演的方法补拍了消防队员抢救母亲和孩子的镜头，然后把它们组合起来完成了一部表现消防队员生活的戏剧性电影故事片《一个美国消防队员的生活》，这是 1902 年的事情。鲍特在这里的尝试至少有三点是重要的：1. 确立了电影表现运动的新形式。鲍特的这种影片结构，表现了一个复杂的事件，而且是流畅地表现了事件的过程。这意味着并不是必须用一个镜头去表现一个完整的意思，可以通过镜头的组接加以补充，加以修饰。在这里，导演获得了表现运动的自由权，他可以把动作分成小的单元，从而得心应手地去掌握。2. 探索了电影获得空间自由的可能性。他把实景拍摄的纪录材料和摄影棚里拍摄的表演材料连在一起，并构成了统一的电影空间，而且没有明显地打断运动的连贯性。3. 向人们传达了崭新的时间观念，比如影片的开头是一个队员坐在椅子上打盹，他梦见一个女人和孩子被困在大火中（梦境用

“梦圈”来表现)，接着是报警镜头，随后四个镜头是救火队赶到现场，然后是救火。一个很长的时间过程被压缩了，但并没有明显的中断感觉。可以说，在探索诸如运动、时间和空间这些最基本的电影构成要素的表现力方面，鲍特的探索是奠基性的。

以上探讨了原始的蒙太奇和早期的蒙太奇，而真正全面、系统、熟练地运用蒙太奇，促使电影语言向前迈出决定性一步的是美国导演格里菲斯。格里菲斯被公认为是第一个使用“蒙太奇”的人，因为他第一个把蒙太奇作为电影思维来运用，把它作为加强故事戏剧性的手段来运用。

格里菲斯发现电影镜头的连接顺序是由戏剧性的要求所规定的，根据这个要求，从最适当的位置去拍摄，摄影机可以起到更积极的作用。当摄影机很近地拍摄演员时，人们可以较好地了解演员的感情，这就产生了特写和其他不同的景别。另外他认识到影片的每一个段落可以由一些不完整的镜头组成，而这些镜头必须根据戏剧性的要求进行选择和排列。在格里菲斯 1914 年的作品《一个国家的诞生》中林肯遇刺一段中，他成功地运用了插入镜头和平行组接来造成悬念。1916 年他在《党同伐异》中又探索了电影结构的新形式，影片表现了四个不同历史年代的四个不同的事件，即古巴比伦大屠杀、基督受难、圣—巴戴莱姆教堂大屠杀和现代的“母与法”。这四个故事的性质不一样，有历史事实，有宗教故事，也有虚构出的现代故事。他企图以这四个故事的并列表现阐述这样一个主题——自古以来人类就是在“排除异己”。在影片中他把四个不同性质的片断穿插起来表现，创造了电影叙事的独特时空结构方式，他以此证明了组接不仅仅起镜头连接的作用，而且可以把时间和空间打乱，扩大和深化电影的表现力。格里菲斯对蒙太奇技巧的其他尝试还有：用闪回镜头把现在和过去的情节连接在一起，利用思路的连续性使情节变得连贯；用从长逐渐到短的镜头组接的手法来创造电影节奏；用交叉组接来造成紧张刺激的效果，制造悬念，创造了著名的“格里菲斯最后一分钟的救援”。

总之，在格里菲斯的手中，镜头组接可以去引导观众的反应了。格里菲斯所做的一系列实践使蒙太奇第一次具有了美学的意义。所以有人说，格里菲斯创造了电影的句法，在1908年以前，电影还只是拼凑字母，但自从有了格里菲斯之后，它就开始有了银幕文法和摄影修辞了。格里菲斯是在实践上集蒙太奇技术之大成者，他创造了丰富的电影句法和真正的电影语言，对电影艺术的发展做出了巨大贡献。

格里菲斯虽然在蒙太奇发展的历程中迈出了决定性的一步，然而他运用蒙太奇只是一个不自觉的过程，他运用蒙太奇手段只是为了增加剧情的吸引力，并没有将这种实践上升为理论。蒙太奇理论的真正确立要到苏联蒙太奇学派那里才告完成。

20年代的苏联电影大师，如库里肖夫、普多夫金、爱森斯坦、维尔托夫等人吸收了格里菲斯和其他电影创作者蒙太奇实践的精华部分，大大发展了蒙太奇理论，并且拍出了《战舰波将金号》、《母亲》等一系列经典影片，使蒙太奇进入了一个新的阶段，这时，蒙太奇理论才真正确立。

第二节　蒙太奇从技巧到理论
——苏联蒙太奇学派

苏联蒙太奇学派并不是一个有统一的艺术宗旨或发表过某种艺术宣言的团体。它只是泛指在20世纪二三十年代活跃于苏联影坛，并对蒙太奇的理论与实践做出过贡献的艺术家群体。其中主要有爱森斯坦、维尔托夫、库里肖夫、普多夫金、杜甫仁科、狄年诺夫等人，而其中最有代表性与广泛国际影响的当属库里肖夫、普多夫金、爱森斯坦、维尔托夫四人。实际上这四位艺术家的研究工作是各成体系的，相互间在观念或方法上也有着很大差异，而且他们更不是一个派别，他们当中有的人是拥有自己的小集体——如库里肖夫有“库里肖夫工作室”，维尔托夫有“电影眼睛派”，爱森斯坦的工作则更为复杂，并且具有极强烈的个性色彩。苏联蒙太奇学派在20年代初出现于刚刚建立起来的苏联决不是偶然的。1917年在俄国开始执政的政府面临着重新建设的任务，俄国是世界上最落后的国家之一，破坏惨重的战争突然打垮了古老的使大多数人民贫困无知的封建制度，使全国陷于革命的动乱中。就因为这个原因，列宁才会在1918年宣称说：“在所有的艺术中，电影对于我们是最重要的。”他之所以重视电影，主要因为它是一种创造特殊的社会风气和向群众进行宣传教育的工具。

在当时的苏联，电影不再是好莱坞式的大众娱乐品、商品，而是传达社会信息的媒体。进行准确而有效的宣传，电影无疑是最得力的工具。于是，如何使电影能像语言那样发挥作用就成为迫切的课题。这样，探索电影表现的规律、探索电影语言的语法，就成为社会的、时代的迫切需要。在这期间投身电影事业的一批艺术家们，包括库里肖夫、维尔托夫、普多夫金和爱森斯坦等，一心要在旧电影的废墟上大显身手，他们觉得他们应当为电影创造一个新的世界，为电影创造出它自身的语言，而他们也果真为电影创造出了这样一个世界和这样的一种语言。他们认为，电影这个工具如果只是如实地表现现实，那么纵然电影能很好地达到记录的目的，也不能达到为艺术服务的目的，即使这个事件是由一个最伟大的演员在设计最巧妙的内景中表演，如果影片只不过写实地把这件事表现出来的话，那么它只是十分机械地把一段表演和一场内景记录下来而已，无论在表演和布景中含有多少艺术，仍然不能构成一部电影艺术作品。只有把电影用来塑造事件、表达对事物的态度以及事件给予艺术家的影响，电影才配称作一种艺术形式。他们认为，一方面，由于给摄影机选择了一个突出的拍摄点，人们可以在一个镜头甚至一个画面内表现某些言外之意，但是这种方法的潜在力是很有限的；另一方面，一旦采用剪辑的手法，电影就有了无限的潜力，蒙太奇简直就是支配观众思想和联想的一个有益的指挥者。

除了苏联国内的条件之外，苏联电影学派出现于20年代初的另一个必要的前提条件是当初世界电影发展所达到的总体水平。电影问世后，经由卢米埃尔、梅里爱、鲍特直至格里菲斯，已在蒙太奇作为一种电影表现手段方面积累了大量经验。这一切构成了苏联蒙太奇学派开展其创作实践与理论活动的基础。

(一) 库里肖夫

库里肖夫是蒙太奇理论的第一位研究家。他的研究成果为现代蒙太奇理论的形成打下了基础，并具有长远的世界性影响。

库里肖夫受过美术专业教育并受到法国和俄国的构成主义的强力影响。他反对旧俄国时代影片的静态叙事结构，反对电影乞怜于其他艺术手段的做法，认为这样会使电影走上绝路。他提出：电影必须独立，“电影的意图必须是纯电影的意图”。

十月革命后，特别是1919年苏联国立电影学校建成以后，库里肖夫很快便建立了一个工作室——“库里肖夫集体”，一批有才华的艺术家都被吸引到这一集体中来。库里肖夫这时期的理论活动是结合着他的拍片实践，特别是结合着他经常进行的一些试验进行的。他的驰名世界的“库里肖夫效应”和“电影模特儿”的理论也都是在这个时期完成的。

由于胶片的匮乏，库里肖夫和他的学生们利用旧俄时代遗留下来的和外国的影片资料进行实验。当他在学校片库找到格里菲斯等人的影片资料时，立即意识到它们的珍贵价值，便跟学生们一个镜头一个镜头地分析。他发现其中有许多属于电影艺术特性的规律性的东西，于是他便通过一个个具体的实验来验证它们，并把验证的结果提升为电影自身的理论。所谓库里肖夫效应就是他进行的此类蒙太奇实验。库里肖夫曾拿俄国“电影皇帝”莫兹尤辛的一张没有特定表情的脸的镜头，分别同一盆汤、一口安放死者的棺材、一个小女孩并列，这一被称为“库里肖夫效应”的实验很有说服力，其影响甚大。库里肖夫组接的这三组镜头经过观众的情绪折射得出令人惊诧的效果，观众赞叹莫兹尤辛表演高超：与汤并列时他显得全神凝注，如饥似渴；与死者并列时则沉痛欲绝；与小女孩并列又似慈父般和蔼亲切，但实际上莫兹尤辛的镜头只有一个，他的表情并没有变化。库里肖夫的另一项被他称为“创造性地理”的蒙太奇实验也非常有趣。他将五个镜头，即①一个男人从右向左走；②一个女人从左向右走；③两个人相遇，互相握手，男人用手一指；④观众在男人指示的方向上看到一座白色建筑物；⑤二人走上楼梯这五个镜头按顺序加以连接。观众看过后得出的印象是互相认识的一男一女从同一条大街的左右两侧迎面走来，相遇后两人一起走进一座白色建筑物内，然后登上该建筑中的楼梯。但实际上观众通过屏幕影像所产生的连贯完整一致的空间感受并不是真实的存在。这一组镜头当中镜头①与②是在一个城市相距甚远的两条街道上拍摄的，而在镜头③中男人指的目标并不真的存在于他的面前，镜头④的白色建筑物是美国的白宫，镜头⑤的楼梯实际上是在某教堂里拍的。通过有意识的镜头的组接，这些原本杂乱无章的空间环境在屏幕上被组织成为一个完整和谐的空间。库里肖夫通过这一实验说明了“创造性摄影”和“创造性地理”的蒙太奇效应，同时也说明了电影蒙太奇的叙事功能。

通过自己的研究和一些具体的实验，库里肖夫得出的最重要的结论是——“蒙太奇原则是电影特性的基础”。他主张电影工作的素材就是影片的片断，而这些片断的构成方法则是按着一种特殊的、创造性地发现的次序连接起来。他坚持电影艺术并不是开始于演员的表演和各个不同场面的拍摄的时候，这只不过是准备素材的阶段而已，在导演开始把各种不同的片断连接起来的那一刻，电影艺术才算开始。由于把影片的片断按照各种不同的次序和各种各样的组合组接起来，导演就得到各种不同的结果。由此，他认为银幕的所有表现力都是蒙太奇的表现力，应该把电影演员、电影编剧、电影摄影、电影美工等等，都统一在电影蒙太奇的总原则之下并作为银幕表现的特殊范畴来加以考察。

（二）普多夫金

普多夫金是库里肖夫的学生，1920 年进苏联国立电影学校，这时他已是 27 岁的成年人。普多夫金的丰富经历帮助他迅速掌握了电影的相关知识，并成为年轻老师的助手。他在库里肖夫工作室工作了五年，编写过电影剧本，画过草图，搭过布景，扮演过大小角色，导演过个别场面，还搞过剪辑工作。这段经历无疑为普多夫金日后的电影创作实践与理论研究打下了坚实的基础。离开库里肖夫以后，很快他就独立拍摄了《棋迷》和《脑的机能》，1926 年又完成了为世界瞩目的《母亲》，1927 年拍了《圣彼得堡的末日》，1929 年创作了《成吉思汗的后代》。这几部影片表现的都是与苏联现实有紧密联系的主题，因而得到了当时观众较普遍的肯定。

普多夫金在蒙太奇的观念上是比较温和、折衷的，他既吸收了库里肖夫与格里菲斯注重镜头蒙太奇、段落蒙太奇的方法，在个别场面的处理上也注意借鉴爱森斯坦的隐喻与碰撞蒙太奇的方法。

普多夫金认为，单个镜头不具备完整的叙事功能，只有把镜头组接起来，才能形成完整的意思。比如，他指出只改变一个场面中镜头的次序而不用改变镜头本身，就足以改变一个场面的意义。他引证了一个由三个特写镜头组成的例子来说明这一点。这三个镜头是①一个人在笑；②一把手枪直指着；③同一个人的脸上露出惊惧的样子。如果照①—②—③的次序排列镜头，会使观众感到那个人是懦夫，但是如把这次序倒转过来，以③—②—①的次序排列，就会使观众感到那个人是勇士。

普多金夫非常重视关系，强调镜头与镜头之间的联系。他甚至认为单个的镜头本身是没有什么价值的。他曾说："为了要对读者说明我的观点，并使他们深刻地、正确地认识蒙太奇的意义及其全部性能，我将用另一种艺术形式——文学作为比喻……当作家要用一个字的时候——例如槲树的'槲'字，他对这个字的意义仅仅有一种概念式的理解，那就是说，这个字只是一种空洞、模糊的概念，只有当这个单字被放进形式复杂的结构当中，和其他的字发生了联系之后，艺术才赋予它生命与真实性。我随手翻开摆在我面前的一本书，看到了这样的短语：'一棵嫩绿的小槲树'——自然，这并不是什么很漂亮的文章，但这个例子已经能够十分清楚地说明单字和由单字所构成的短语之间的区别。在这个短语里面'槲'字不再是一种概念，而已经成为一个确定的文学结构的一部分了。一个死的字通过艺术的处理就变成有生命的了。我认为从某一个拍摄点拍摄下来的然后放映在银幕上给观众看的每一个物像，即使它在摄影机前面曾经是活动的，但它仍然只是一个死的对象……只有把这个物像和其他许多个别的物像放在一起的时候，只有当它作为各个不同的视觉形象的组合的一部分被表现出来的时候，这个物像才被赋予了电影的生命。正像我们刚才举的'槲'字的意义的变化一样，一个物像在剪辑过程中才从照相的空间的自然复制品变成了电影形式的一部分。"

普多夫金的蒙太奇探索是以创作实践为主轴，他的理论研究和著作并不很多，但其影响却广泛深远。普多夫金在蒙太奇的理论研究中特别详尽具体地探索了电影剧作、电影表演中的蒙太奇原则，并且对蒙太奇进行了新颖独特的分类。普多夫金在《电影导演与电影素材》这篇论著中结合电影艺术的发展进程，阐释了蒙太奇是电影艺术客观的根本性法则这一论断。他说，在电影初期"电影被恰当地称之为戏剧的代用品,自从蒙太奇这一概念出现之后,情况才大大改观"。"蒙太奇是电影发现并加以发展的一种方法,它能揭示生活中所存在的一切联系,从表面的联系直到最深刻的联系。"他把蒙太奇当成一种分析的方法,一种电影分析的逻辑,当成导演的语言。他说"正如生活中的语言那样,在蒙太奇中也有单词,即拍好的一段胶片;也有句子,即这些片断的组合"。

普多夫金在另一篇论著《电影剧本》中从电影编剧的角度阐述了电影整体演出的重要性。他认为一个电影编剧如果不能用电影的影像思维去进行创作，他就不可能为导演提供"可用的素材"。他要求编剧用蒙太奇的方法处理素材。他更把蒙太奇划分为"结构性蒙太奇"与"作为感染手段的蒙太奇——对比蒙太奇"两大类。前者包括"场面蒙太奇"、"段落蒙太奇"两种，后者包括"对比蒙太奇"①、"平行蒙太奇"②、"隐喻蒙太奇"③、"交

① 对比蒙太奇——通过镜头（或场面，段落）之间在内容上（如贫与富、苦与乐、生与死、高尚与卑下、胜利与失败等）或形式上（如景别的大小、角度的俯仰、光线的明暗、色彩的冷暖和浓淡、声音的强弱、动与静等）的强烈对比，产生相互强调、相互冲突的作用，以表达创作者的某种寓意或强化所表现的内容、情绪和思想。

② 平行蒙太奇——由两条或两条以上情节线索并列表现、分头叙述而统一在一个完整的情节结构之中，或几个表面毫无联系的情节（或事件）互相穿插交错表现而统一在共同的主题中。平行蒙太奇的作用是多方面的：用以处理剧情，可以删节过程、概括集中、节省篇幅以扩大影片的容量；又由于几条线索的并列表现，互相烘托，可以形成对比、呼应，产生多种艺术效果，丰富剧情；还可以提供自由叙述和时空灵活转换的可能性，使结构多样化。

③ 隐喻蒙太奇——是一种独特的电影比喻，通过镜头（或场面）的对列或交替表现进行类比，含蓄而形象地表达创作者的某种寓意或事件的某种情绪色彩。它往往是将被类比的不同事物之间所具有的某种相类似的特征突现出来，以引起观众的联想，领会导演的寓意和领略事件的情绪色彩，从而丰富并深化事件的形象。隐喻蒙太奇的美学特征是巨大的概括力和极度简洁的表现手法相结合，具有强烈的情绪感染力和形象表现力。

替蒙太奇"[1]、"强调主题趣旨的复调蒙太奇"[2] 五种，并对它们进行了鲜明具体的分析说明。普多夫金的蒙太奇理论在普及电影知识、电影创作方法等方面所起的作用不容忽视。他的著作深入浅出，例证鲜明生动。他书中例举的大量格里菲斯、爱森斯坦运用蒙太奇的实例以及库里肖夫效应的实例，不仅使创作者看后即可运作，甚至普通电影观众和爱好者看后也能对电影特征有所了解。

（三）爱森斯坦

如果说普多夫金的剪辑原则是"联想"——镜头的连接侧重于叙事的连续性，镜头像一个个"构件"，按顺序不断积累起来，以局部与整体相联系，每个新的画面都构建在前一个画面的基础上，以联想为基础产生新的含义，那么爱森斯坦的剪辑原则就是"冲突"——镜头的连接侧重于理念的表达，在不同时空，并不相干的镜头对列中，通过撞击产生新的含义。

爱森斯坦的蒙太奇，目的是从实际事件中做出理性的隐喻，引出抽象的概念，他自己称之为"理性蒙太奇"。他超越了简单讲述故事的方法，运用电影的力量来表达思想。他这样说："老

---

① 交替蒙太奇——又称"交叉蒙太奇"，由平行蒙太奇发展而来。平行蒙太奇只注重情节的统一，主题的一致，剧情或时间的内在联系；而交叉蒙太奇的特点则是它所并列表现的两条或数条情节线索密切的因果关系和迅速频繁的交替表现，其中一条线索的发展往往影响或决定另一条或数条线索的发展，互相依存，彼此促进，最后几条线索汇合在一起。这种手法能造成激烈紧张的气氛，加强矛盾冲突的尖锐性，引起悬念，是掌握观众情绪的有利手法，常用于表现追逐或惊险的场面。

② 强调主题趣旨的复调蒙太奇——即重复蒙太奇，又称"复现式蒙太奇"，指蒙太奇结构中代表一定寓意的镜头或场面在关键时刻反复出现，造成强调、对比、呼应、渲染等艺术效果。构成影片的各种元素，如人物、景物、场面、动作、调度、物件、细节、语言、音乐、音响、光影、色彩等，都可以通过精心构思反复地出现，使其产生独特的寓意和特定的艺术效果。

式的影片能指导感情，可是（理性蒙太奇）还能提供指导整个思想进程的条件。”

爱森斯坦的理性蒙太奇概括地说就是：把单个镜头组接在一起，这时已不是两个镜头的简单相加，而是构成了一个有新的含义的整体。用他自己的话说就是：“两个接合的镜头并列并不是简单的一加一，而是一个新的创造。”他认为“摄影机拍下的、未经剪辑的片断既无意义，也无美学价值，只有在按照蒙太奇原则组接起来之后，才能将富有社会意义和艺术价值的视觉形象传达给观众”。

从两个不相干的镜头对列中产生新的意思——爱森斯坦对蒙太奇的这种理解，最初是由于受到中国象形文字的启发。“水和眼睛的画面表示流泪；耳朵靠近门的画面表示听；狗 + 嘴 = 吠；嘴 + 鸟 = 鸣等等，可是这就是蒙太奇！是的，这就是我们在影片中所做的事，把那些属于描写性的、意义简单、内容平常的镜头——变成理智的镜头组合。”

爱森斯坦认为，镜头间的冲突是电影艺术的基础之一。运用冲突原则，可以使艺术潜力最大程度地发挥。在他的一些最著名的影片段落中——《十月》的克伦斯基走上台阶、《战舰波将金号》的敖德萨阶梯等——都采用了互相冲突的构图格式和剪接形式，造成大小、明暗、个体与群体、整齐与散乱的强烈对比。在这些对比中，单个镜头本身就被视为是无艺术性或无意义的，只有按照冲突结构把镜头与另一镜头组接时，才获得艺术含义。因此，他在论及银幕画面与真实的关系时，强调的重点是剪接，而不是镜头本身。

另外重要的一点是，爱森斯坦利用镜头间的隐喻效果来引导观众的思维。他认为两个毫不相干的镜头，在它们组接的夹缝中，能产生出一种理念的东西，造成某种象征。比如爱森斯坦把克伦斯基同孔雀开屏的镜头组接在一起，造成一种炫耀的概念；

把屠宰场杀牛和镇压工人的镜头组接在一起，象征非人性；三个不同姿态的石狮子组接，象征觉醒。这样的例子在爱森斯坦的影片中经常见到。

爱森斯坦蒙太奇的重点不是叙述时间和表现动作的连贯。他认为，电影不是单纯娱乐的手段，而是表达思想，进行宣传教育的工具。因此，他的蒙太奇使用很少用完整的叙述式方法，而更多地代之以具有纯粹理智特点的结构，在剪辑中推动每个镜头向前的不是情节动作，而是思想，连续性影像传达的不是事件，而是主题意义。

（四）维尔托夫

维尔托夫和他创建的电影眼睛派对世界电影的历史进程有直接影响。

电影眼睛派最初是由维尔托夫与他的弟弟米哈依尔·考夫曼以及剪辑师伊丽沙白·斯维洛娃组成的小团体，起名为“三人会议”。不久，在三人会议的周围，又吸引了一批富有挑战精神的纪录片艺术家，形成了闻名世界的“电影眼睛派”。电影眼睛派坚持通过电影眼睛来把握宇宙的美学观。维尔托夫认为“最基本与最主要的是：通过电影来感觉世界。我们的出发点是：利用比人的眼睛更加完美的电影眼睛——电影摄影机，来研究充满空间的庞杂视觉现象……”维尔托夫认为电影眼睛能够把整个世界——从天上到地下的万物展示给人们看，他说“我是电影眼睛，我是机械的眼睛，从今天起我将永远摆脱人的静止状态，我在不断地运动，我能够接近或远离拍摄对象，我可以爬到它们的下面，又跳到它们的上面。我可以跟一匹奔驰的马齐头并进……我跟飞机一起翱翔，我跟上升着或下落着的物体同升同落……”

维尔托夫肯定电影摄影机——“电影眼睛”比人的眼睛更加完善，主张通过组织拍摄素材引导观众达到明确的思想结论，提倡“出其不意地捕捉生活”。同时，他并没有把电影的任务归结为单纯地摄录现实，他认为在银幕上只放映出一些真实的片段和真实的分隔的镜头是不够的，这些画面要在一个主题下贯串起来，并使其整体也成为真实的，而蒙太奇就是进行这种贯串和组织的基本手段。他以自己在实践中探索到的大量电影语言来支持自己的观点。

在默片时代，维尔托夫就已经发现了电影的视觉与听觉的可能性，他提出了要以纪实电影代替故事影片的革新主张。他不仅重视电影眼睛的职能。还阐述了“无线电耳朵”的职能，他认为“电影眼睛”是蒙太奇的“我看”，而“无线电耳朵”是蒙太奇的“我听”，应当用“电影眼睛的纪实和无线电耳朵的纪实……改变世界电影轨迹”。事实上这时的维尔托夫已经预见到了电视和录像与录音机的出现。维尔托夫在 1928 年拍摄的《带摄影机的人》可以说是他为摆脱戏剧语言和文学语言而进行的一次绝对的电影纪实影片的实验。在这部影片中，他没有使用电影剧本，没有使用字幕，没有用布景道具等等，他使用的完全是建立在视觉影像基础上的“一种真正的国际性的语言”。而他在 1929 年拍摄有声片《顿巴斯交响乐》时，曾把笨重的录音扩大器搬到大街、矿场及他需要拍摄的任何地方，奔走于他的拍摄对象之间。维尔托夫在这部影片里的实验，使他成为了世界电影中使用同期录音——包括人声、机械噪音、音响等等的先驱。维尔托夫的这种方法已包含了未来电视采访的若干要素。

第三节　与真实相联系——长镜头与纪实美学

一、纪实美学的发展

在电影发展史上，始终存在着一个与蒙太奇美学相对立的纪实主义电影美学，或称写实主义电影美学。它主张电影形象的逼真性，主张电影与生活真实相联系。

美国人罗伯特·弗拉哈迪是第一个终生致力于写实主义电影的人，他被公认为纪录片的创始人。在1910年的一次探险旅行中，弗拉哈迪在北极拍摄了爱斯基摩人的生活情景，从此他对拍摄非虚构的生活场景发生了兴趣。由于一场大火烧毁了他的底片，1920年他又重返北极拍摄了一部由爱斯基摩人主动参与的影片，这就是著名的《北方的纳努克》。《北方的纳努克》并不是严格意义上的纪录片，而是一种用充满诗意的想象对现实生活的再造。他选择了一个爱斯基摩人的家庭，重新组织了他们的生活，专门建造了他们居住的冰屋，连那个一直被人称道的猎取海豹的典型长镜头据说也是事前安排好的。弗拉哈迪的影片都是以现实生活为表现对象的，他在1926年拍摄的《蒙阿那》表现的是南太平洋西萨摩亚群岛土著居民的生活，1931年拍摄的《亚兰人》是表现亚兰岛居民捕杀鲨鱼的事，等等。弗拉哈迪的影片在技巧上完全不追求人工的艺术味，而是力图给人一种朴素、真实、自然的感觉。例如对猎取海豹这个场面的表现，从纳努克接近海豹到把它从冰洞里拖出来，弗拉哈迪用了很长的镜头表现这个过程，成为长镜头最早的范例；再如，他的创作事先没有任何拍摄方案，只是拍下一切能引起他兴趣或想象的东西，最后才决定取舍。这种创作方法开创了一种全新的电影形式。“纪录片”一词就是1926年格里尔逊在评论弗拉哈迪的《蒙阿那》时首先使用的。但是弗拉哈迪的许多影片在内容上并不是完全真实的，比如在亚兰岛，弗拉哈迪为了能拍摄到捕杀鲨鱼的镜头专门买了鱼叉，让专家去教当地人如何使用。弗拉哈迪认为，重要的并不在于严格地忠实于事实，而在于创造性地利用现实。也许正是因此，电影史家才一直把他作为写实主义电影大师加以肯定。

30年代在英国出现了以格里尔逊、巴希尔·瑞特、保罗·罗沙为代表的英国纪录片运动。他们强烈反对以虚构的故事和人工布景来表现的电影，他们以现实生活中的本来事物作为拍摄的对象，不允许在形象内容上有所加工。纪录片运动受维尔托夫“电影眼睛”理论影响颇深，不主张纪录片追求诗意，而是强调影片的社会意义。

法国导演让·雷诺阿在他30年代的作品中首先表现出一种完全不同于蒙太奇理论风格的特征。在他1934年拍摄的影片《托尼》中，镜头之间的外部蒙太奇被镜头内的场面调度[①] 取代，固定镜头的组接被运动镜头取代。让·雷诺阿的创作手法大致可以归纳成这样几个特点：1. 尽量使用外景；2. 摄像机运动性强；3. 经常使用长镜头以表现场面的连贯性，即使是拍多镜头的场合也对镜头不做细致的剪接，不追求所谓流畅性和上下镜头衔接上的完美性；4. 使用深焦距镜头，以求表现场面的全貌；5. 注重演员的作用，往往不是按角色来挑选演员，而是根据演员的特点去塑造角色，并且重视演员的自我发挥，鼓励演员做即兴的表演，以纠正或补充预先构思上的缺陷；6. 常常搞即兴创作。电影评论家巴赞认为这种做法有三大优点：更符合现实，某些事件的处理更能体现现实主义，更符合观众在注意事件演变、发展时的正常心理状态。总之，这种创作手法具有更强的现实感。

---

① 场面调度，出自法文，初始用于舞台剧，指导演对一个场景内演员的行动路线、位置以及演员之间的交流等活动进行的艺术性处理，后被借用到电影中来，指导演对镜头内事物的安排，即导演引导观众从不同角度、不同距离去观察银幕上的活动。场面调度包含演员调度与镜头调度两个层次。演员调度指导演通过对演员的运动方向、所处位置更动以及演员之间发生交流的动态与静态的变化等，造成画面的不同造型、不同景别，以揭示人物关系及情绪的变化，获得相应的银幕效果。镜头调度是指导演运用摄影机机位的变化（如推、拉、摇、移、升、降等运动方法），从俯仰平斜等不同角度，采用不同视距的镜头展示人物关系、环境气氛的变化及事件的进展。镜头调度可以是指镜头组接后构成的一个完整场面的调度，也可以是单个镜头内的调度。

美国导演奥逊·威尔斯继承了雷诺阿的传统。他在1946年拍摄的影片《公民凯恩》写的是报业大王凯恩在临终前只说了一句“玫瑰花蕾”，为了揭开这个谜，记者开始采访了解他的各种人物，最后通过各色人物的不同叙述表现了凯恩从一个穷孩子到报业大王的富有传奇色彩的一生。在这部影片中，威尔斯用了不少纪录片的手法来表现情节，还较多地使用了长镜头和“景深镜头”[①] 来表现空间和运动，在象征、隐喻等手法的运用上也不是像爱森斯坦那样将不相干的镜头以对列的形式加以表现，而是由实景中精心选择的“物”自然体现出来。比如表达报业大王凯恩通过新闻传媒几乎占有了整个美国这样的寓意，画面当中拍摄的是各种各样的家具、物品，但通过镜头的运动使这些物体看上去更像是一望无际的摩天大楼。这种来自事件本身的比喻自然贴切，不给人以生硬之感。在叙事方法上，奥逊·威尔斯运用了多角叙述法，通过开头纪录片式的介绍和不同被采访人的追忆，多侧面、多角度地构造了报业大王凯恩鲜明丰满的立体形象。

50年代初出现的意大利新现实主义，充实了纪实的电影美学。意大利新现实主义强调电影应该真实地反映生活，这种真实性不仅体现在题材的选择上，而且更应该体现在表现手法上。他们主张表现社会生活中中下层人物的命运，主张用实景拍摄，主张用非职业演员，还主张镜头真实的连贯性，强调组接的叙述性而并非通过镜头的组接产生“涵义”，这后来都成为巴赞美学的基础。

---

① 景深是指处在不同距离上的被摄对象能获得清晰的影像的空间范围。在景深范围之内，景物成像清晰，而景深范围之外的景物的影像模糊，景深与镜头、光孔、物距有关。景深镜头，即大景深、深焦距镜头，指由远及近的被摄景物在画面中都尽可能多地表现为清晰的影像，景深镜头能强化画面的空间现实感和场景规模。

二、长镜头的叙事风格

纪实主义的创作手法在空间营造上注重场面调度，多使用景深镜头，在镜头结构上多使用运动镜头替代固定镜头，因而造成了它的镜头使用一般都有较长时间的延续，这就形成了我们常说的长镜头的叙事风格。长镜头的叙事是纪实主义手法的典型特征。

长镜头是指在一个镜头里不间断地表现一个事件的过程甚至一个段落。它通过连续的时空运动把真实的现实自然地呈现在屏幕上，形成一种独特的纪实风格。从摄影的角度看，长镜头在一个镜头中有景别和角度的变化，并能完整、明了地表现一段内容，所以又叫做段落镜头；从编辑的角度看，长镜头通过变化拍摄角度、调整景别和拍摄距离，用一个镜头完成一组镜头所担负的任务，镜头内部的运动起到了和蒙太奇相同的作用，所以又叫做镜头内部蒙太奇，或称机内剪辑。

长镜头的风格与分切镜头式的蒙太奇剪接相比，无论是在叙事结构方面，还是在时间、空间结构方面都有其独特之处。

（一）叙事结构的特点

首先，镜头内部蒙太奇由于不间断地表现一段相对完整的事件，因此它具有传达信息的完整性。电视节目的完整信息是由声音和影像两方面组成的。用分解的方法拍摄，用分切镜头的方法剪辑，在很多时候不能保证完整信息的传达，不是声音的连续性被破坏就是画面的连续性被破坏。长镜头由于使声画保持连续和同步，从而保证了叙事结构的完整。

其次，它具有相对可信的真实性。由于长镜头不靠动作的分解和组合来表现运动过程，而是把连续的动作完整地展现在屏幕上，视觉形象连贯完整，从观众接受的角度看，由于长镜头在很大程度上排斥了造假的可能而使表现的事实更具真实性。在表明事实的可靠性方面，长镜头是一种有说服力的做法。

再次，它能表现事态进展的连续性。长镜头可能把事件的发展过程和真实的现场气氛表现在屏幕上，使观众感受到身临其境的气氛。

（二）时空结构特点

首先，它具有屏幕时间和实际时间的同时性。用蒙太奇组接表现出来的屏幕时间，往往对事件发生的进程进行了很大的修改，它可以大大压缩实际的时间进程，也可以把完全不同的事件过程组合在一起。虽然这在许多情况下是无关紧要的，但是它毕竟可以使人们对它的可信度提出怀疑。镜头内部蒙太奇保持了时间进程的不间断性，事件过程的实际时间连续性完整地反映在屏幕上，可信度大大提高。

其次具有时间进程的连续性。镜头内部蒙太奇在时间结构上的一个最显著特点就是时间的连续。无论是在变换景别，还是在变换拍摄角度时，都不打断时间的自然过程，保持了事件节奏的正常进展。

从空间结构特点看，长镜头在运动过程中展现空间全貌，空间连续完整，摄影机的运动使有限的视域逐渐地展现出事实空间的全貌。这种展现空间全貌的方式所产生的魅力是蒙太奇剪辑绝对达不到的。另外，长镜头能在运动过程中实现空间的自然转换。

在纪实性较强的电视节目中，长镜头经常是很有力的表现方法，特别是在表现一些真实性要求较高的关键内容时，它是一种既省力又讨好的方法。但是，它也有节奏慢、不稳当、不易准确地突出重点等缺点，而且长镜头拍摄难度大，很难做到完美无缺。所以在使用这种方法时要谨慎，事先要对整个段落的表现内容和镜头运动的节奏有周密的设计，这样才能做到少有失误。

三、"长镜头理论"——纪实主义美学理论

在电影发展的最初 50 年里，固然能够追溯到纪实主义传统的形成和发展，但它在技术主义电影的重压下，只是如同涓涓细流，不绝如缕而已。从另一方面看，第二次世界大战前的纪实主义电影基本上还只属于一种自发的实验，在许多情况下只是创作者个人的直觉要求，并没有美学理论上的根据。

电影中的纪实主义，从某种意义上来说，要比技术主义电影更需要理论上的帮助。这是因为技术电影在基本创作原则上属于传统范畴。通过艺术手段来构成现实的幻想，原本就是一切传统艺术的基本目的。人们欣赏作品中的物像，例如画布上的风景或舞台上的演出，主要是着眼于艺术家的技术技巧，而不是物像本身。所谓艺术欣赏活动，就是不断地把艺术形象同现实原型进行比较的过程。艺术家并不想隐瞒自己的加工和改造，因为艺术就表现在加工和改造的技术上面。因此，当电影中的纪实主义者试图再现客观事物的原样，在不同程度上否定对生活现象的加工和改造（至少是力图不使人感到艺术家的作用）的时候，这种做法立即引起了一切习惯于传统艺术的人的不快乃至反感。所以战后纪实主义电影的兴起如果只是出于经济上的原因（它毕竟是暂时的），而没有随之而来的理论上的支持的话，它肯定是不会持久的，更不要说取得与技术主义长期相抗衡的地位了。

将长镜头作为一种美学观点提出并向蒙太奇理论提出彻底挑战的是法国电影评论家安德烈·巴赞。巴赞一生从事电影评论工作，四册论文集《电影是什么》集中体现了他的基本思想——电影和真实相联系，后人把它总结概括为长镜头理论，这是一种与传统的蒙太奇相对立的美学观点。

巴赞认为电影具有其他任何艺术都不具备的反映现实的优势，因此，电影应成为最现实主义的影像表现，为人们展示平时

容易被忽视的真实景象；他说，摄影的美学特性在于它能揭示真实。在外部世界的背景中分辨出湿漉漉的人行道上的倒影或一个孩子的手势，这无需我的指点；摄影机镜头摆脱了我们对客体的习惯看法和偏见，清除了我的感觉聚在客体上的精神锈斑，惟有用这种冷眼旁观的镜头能够还世界以纯真的原貌，吸引我的注意，从而激起我的眷恋。

巴赞的真实美学包括三方面内容：

1. 摄影影像的本体论。他认为，电影摄影的本性是影像复原。摄影机有使电影影像与被摄现实同一的功能，这样才使得电影有了真实地表现现实的可能性。他说："一切艺术都是以人的参与为基础的，惟独在摄影中，我们有了不让人介入的特权。"按照他的理解，电影独特的再现事物原貌的本性，是电影美学的基础。

2. 电影起源的心理学。他认为电影发明的心理依据就是再现完整现实的神话，再现一个"完整无缺的"、"声音、色彩、立体感等一应俱全的外部世界的幻景"，也就是真实的银幕形象，只有这样才能满足人们欣赏电影的心理要求。

3. 电影语言的演进观。巴赞认为，电影语言的演进趋势是向现实主义发展，即朝着真实的方向发展。他认为与电影联系的真实有三种：

表现对象的真实——

强调如实展现事物原貌的真实性、多义性和透明性以及题材直接的现实性。现实的存在永远是多义的、含糊的和不确定的。因此，他反对对事件做单义的解释，主张"画面的存在先于含义"，应"把现实中的模糊意义重新表现在影片中"。他不仅要求物像的真实性，而且始终主张内容的现实性，这导致了对传统蒙太奇的非议。巴赞认为，含义的单一性是思维的特征而不是自然的特征，蒙太奇把事实隐化了，用另一种合成的现实来代替它，这就使人对影片的真实性产生了怀疑。孔雀开屏——炫耀、杀牛——屠杀，这种隐喻来自作者的主观意念，而绝非事实本身就是这样。因此，他认为这是一种文学的、非电影化的手法。

空间、时间的真实——

这一问题是巴赞美学的核心。他认为电影应该包括真实的时间流程和真实的现实纵深。电影的整体性要求保持戏剧空间的统一和时间的真实延续，这样才能保证事实的真实可信。如果把空间分解了或把时间压缩了，这本身已经破坏了真实的进程，同时也就破坏了事实本身的意义。他认为，电影空间的特征是有限的反映客观存在。“银屏不是画面的边框，而是展露现实局部的遮光框”，“画面造成空间的内向型，相反，银幕为我们展现的景象似乎可以无限延伸到外部世界”。这一认识又导致了对传统蒙太奇的怀疑。巴赞在《被禁用的蒙太奇》一文中指出：“若一个事件的主要内容要求两个或多个元素同时存在，蒙太奇应禁用。”“在上述情况下，蒙太奇是典型的反电影性的文学手段。与此相反，电影的特征，暂就其纯粹状态而言，在于从摄影上严守空间的统一。”

叙事结构的真实——

巴赞认为，从整体上，电影的叙事结构不应像以前那样，以强调戏剧性结构为主，而是应更接近自然。这是一种“本体论上的平等，从根本上打破戏剧范畴”的结构，是故事的发生和发展具有生命般的真实与自然的结构，是事件的完整性受到尊重的结构。从局部上，是用动作的真实、细节的完整代替传统省略法的结构。他用了一个形象的比喻，蒙太奇的叙述方法只是表现漂亮的“门把”，而他主张的叙事结构却是表现整个“大门”。

由此，我们可以看出巴赞理论和蒙太奇理论的区别：前者强调事实，后者强调思维；前者重叙述，后者重表现。

巴赞为了实现自己的审美理想，找到了一种最适当的表现方法，即长镜头和景深镜头。他多次赞扬了弗拉哈迪在《北方的纳努克》、奥逊·威尔斯在《公民凯恩》、罗西里尼在《游击队》中以及新现实主义导演在他们的影片中使用的手法。他认为，这样的长镜头至少有三点好处：这种风格可以避免严格限定观众的知觉过程，它是一种潜在的表意形式，注重通过事实的常态和完整动作揭示动机，保持透明和多义的真实；长镜头保证事件的时间进程受到尊重，景深镜头能让观众看到现实空间的全貌和事物间的实际联系，它们的运用可以展示空间和时间的真实；连续性拍摄体现了现代电影叙述原则，摒弃了戏剧的严格符合因果逻辑的省略手法，再现了现实事物的自然流程，因而倍感真实。

继巴赞之后，对纪实主义电影美学作了更完整表述的是德国人齐格弗里德·克拉考尔。克拉考尔的基本电影观念明显继承自巴赞的照相本体论，但他走得更远，从某种意义上说是变得更狭隘，实际上对纪实主义电影的发展在理论上作了某些有害的束缚。

巴赞的理论对现代电影创作有很大影响，它在很大程度上改变了人们对电影与真实关系的认识。他的观点对于纪实性节目的创作很有借鉴价值。但是巴赞对蒙太奇的否定是偏颇的，他在强调电影纪实属性的同时却忽略了它的情感力量。这一严重的缺陷后来受到西方电影理论界的批评，在实践上也受到了严重的挫折。事实上，没有一部电影能够完全按照他的理论来拍摄。电影自从格里菲斯以后就不再是现实的自然反映，而是艺术家创造的作品，其中有艺术家的自由创作和自我表现。至于表现手法，电影语言如同文字语言一样，是一种表达观念的符号系统，只要能更好地表达作者的意图，什么方法都可以使用。正如法国电影理论家让·米特里后来指出的：被安德烈·巴赞学派搞得截然对立的蒙太奇与非蒙太奇技巧，其实只是蒙太奇效果的两种不同形态。

四、长镜头与蒙太奇的特征比较

纪实性的长镜头与分解性的蒙太奇在叙事观念上有着不同的特性：

第一，蒙太奇的叙事中，创作者常常以事件参与者的姿态出现，表现出对事件和人物的明显的主观反应。主张通过直接的造型手段、剪辑手段来影响观众，使他们接受创作者对事件的看法。对事件矛盾冲突和人物性格的变化往往用人工化的艺术手段以求得一种戏剧性效果。而在长镜头的叙事中，创作者往往以观察者的旁观姿态出现，保持冷静客观，力求把创作者的主观倾向、包括自己的美学追求以及对造型的那种欲望隐蔽在客观记录的事实影像后面，用一种策略的非直接的表现形态，尽量不让观众感觉到人工强化的痕迹，反而有意去淡化，使之更接近于生活原生状态，避免蒙太奇叙事中所惯用的对素材的浓缩和整合。

第二，在造型处理上，长镜头多用接近于人的视角，采用自然光效，并注重同期声音的采集，力求通过保持时空的统一和延续，来保证再现真实的生活环境和人物形态，对那些能使观众觉察的以某种艺术效果强加某种意念的造型处理，都会谨慎避免。蒙太奇的叙事中则经常采用变速、虚焦点、人工光效等技巧摄影方法，并通过剪辑技巧等各种艺术化处理的方式来达到一种艺术化虚构的效果。

第三，长镜头的叙事可以说是一种偏重摄影的叙事，因为长镜头通常是用变化拍摄角度和调整景别的距离，用一个镜头来完成蒙太奇叙事中一组镜头所担负的任务，因此许多思想观念的表达都在连续的摄影中构思并实现了。因此，可以说每个镜头就是一个段落、一个有生命的完整的整体，其间不仅有情节的发展、节奏的变化，还有一种内在的意义。而蒙太奇的叙事是一种侧重剪辑的叙事，因为它是分切镜头拍摄的，每个镜头都是单个的、不连续的、没有生命的。它的单个镜头不是一个整体，只有通过剪辑，对它们按分镜头剧本的构思进行排列组合，并给人以一种时间连续和真实的艺术幻觉，才能形成一个完整的艺术整体。因此，蒙太奇叙事的完成关键在剪接。

第四，长镜头的叙事是一种非强制性的、开放型的叙事。由于它记录的是一种接近现实生活的原生态，采用的是平实简洁的摄影，对观众有种生活的亲近和参与感，因此观众有可能依据屏幕提供的形象做出自己的评价和结论。长镜头在编辑手法上并没有太明显的倾向性，而是用一种再现式的真实提供给观众多义性的选择空间。而蒙太奇的叙事是一种强制性的封闭的叙事。创作者会调动一切造型手段和剪辑手法来营造一个明确的观念，并努力使观众接受这个观念，故而呈现出一种单向性的思维状态，难以有观众自己的选择和结论。片断零碎的镜头被一种主观倾向很强的叙事线索串连在一起，不仅使得每个单镜头的意义单一化，而且由它们所组成的段落和由段落组成的整体都呈现出意义的单一化。

五、与观众相联系——电视的观念

以上主要谈及电影语言的发展和电影观念的更新，由于电影和电视在视听表意结构上的相似性，对于电视工作者来说，了解和学习电影语言的发展和电影观念的更新，可以有一定的借鉴作用，同时对掌握视听语言的语法规律，树立电视观念也会有相当的启示作用。

当然，电视本身还很年轻，很难说它已形成了一套成功的理论。但是，电视成为大众生活的一部分已有许多年，已成为一种独特的传播形式。它的特点已经显露出来并在逐渐成形。

首先，电视远比电影要复杂得多，它有别于传统的艺术，是一种多功能的传播媒介。它包括文艺、社教、新闻以及各类知识性、服务性节目。不同类型的节目要求用不同的方式和表现手法来创作，但它们的共同点都是为了满足观众的需要。迄今为止，没有哪一种传播方式或艺术形式像电视这样有如此众多的观众，也没有哪一种传播方式或艺术形式像电视这样要首先考虑到观众。

其次，电视是人们生活的一部分，已成为人们日常接受信息和娱乐的重要渠道。电视就在人们的家庭中，看电视已成为一种无意识活动，看电视不像看电影、看戏剧那样，需要有一种预先准备的心理欲望。由于电视“家庭化”的特点，人们在欣赏电视时，希望有一种亲近感，希望看到和自己生活离得更近些的题材，希望节目更适合自己的要求，甚至希望自己能够加入到节目中间去。这些特点在一定程度上影响了电视屏幕的表现结构，比如电视与电影相比节奏更慢了，视距更近了，叙述更直接了。与此相应的，在镜头组接上也更多地强调不似剪接的剪接，而较少使用效果强烈的表现性蒙太奇。总之，电视是更自然、更真实、更现实主义的。美国一位电视工作者在谈到电视时说：“竞争的对手不是其他电视台的节目，而是使观众分心的家庭环境。”因此，对电视来说，吸引住观众已成为节目制作的总原则。

另外，同观众直接交流是现代媒介的特点。观众因素在电视创作中占有很重要的位置。过去无论是哪种艺术，都很少把观众作为直接因素来加以考虑，而电视则更多、更直接地在创作中引入观众的因素，经常让观众直接参与到节目中来，或使节目有更多可供观众想象和思考的余地。正如加拿大传播学者麦克卢汉在他名著《人的延伸——了解传播媒介》一书中说的：“那些包含了须由观众来完成某些过程的电视节目是最有成效的。”因此，在电视节目中过分的技巧越来越让位于更自然、更真实、更具亲切感的形式，从某种意义说，艺术性也越来越多地让位于娱乐性和教育性了。

复习与思考

一、蒙太奇和长镜头在叙事观念上有哪些不同，这些不同对观众而言会造成怎样的传播效果和心理感受？

二、比较在电视的语言结构与在电影的语言结构中，蒙太奇的使用有什么不同之处。

第七章

电视传播的受众——电视观众

自学提要

- 仔细分析电视观众在电视传播中的地位和作用。
- 全面理解电视观众的收视心理和收视特征。

电视、电影的观众，广播的听众，报刊的读者统称为受众。受众是大众传播的对象，是信息传播过程中接收的主体。

受众，是大众传播中一个非常重要的概念。在信息传播过程中，受众始终占有举足轻重的突出地位，同时兼具信息接收者、媒介使用参与者和信息反馈者三重身份。

受众是信息的“目的地”——接收者。信息传播是人类有意识的活动，信息发出者（即信息源）的主观意图、信息内容的自身价值、信息传递的保真度等，只有通过受众的接受和理解才能得以实现。在单向信息传递的链环中，受众是最后一站，即信源→信息→受众（目的地，又称信宿）。

受众是媒介的使用者和参与者。早期的大众传播学者认为，受众接受信息是消极的、被动的，传播者传递什么，他们就接受什么，而且传播效果是立竿见影、立即见效的，受众只是一种“信息感受器”。但是大量的科学研究已经证明，受众对信息的传播并非全然消极吸收。实际上，受众对于来自信源的信息，始终进行着有选择的接触、理解和记忆，而且受众并不仅仅满足于只作为信息的积极接收者，他们还要以传播者的身份主动地使用媒介，参与到传播过程中，借以传播自己的思想、观点、意见和建议等。这是现代信息传播活动中受众显著鲜明的特点。

受众是传播过程的“反馈信源”。受众对于信源发出的任何信息（只要是已经到达目的地）总会作出或接受或拒绝等不同的反应，即反馈。它往往决定着某一传播的继续、转向或中断。

第一节　电视观众的收视特征与收视心理

一、电视观众的收视特征

首先，是观众的广泛性——

电视视听结合的传播优势决定了它是最为广大受众所喜闻乐见的大众传播媒介，而它的电子特性又使其传播范围广泛，并且电视的接收简便，只要是在无线电波所能覆盖、有线网络能够到达的地区，家中拥有电视接收机的用户都可成为电视观众。在所有的大众传播媒介中，电视已成为第一传媒，在大众传媒的受众构成中，收看电视的人数最多，观众每天接触电视的时间也最长。

其次，电视观众很少受文化程度、年龄和性别的制约——

电视文化是一种通俗的大众文化，观众无论文化程度高低，不论男女老幼，只要具有视听能力都能收看电视。这也是电视观众具有广泛性的一个重要原因。

再有，电视观众一般都以家庭为单位进行收看——

电视常常是在家里或固定场所收看的，电视这种收视环境的制约恰恰促使电视成为最受欢迎的家庭媒介，在轻松和谐的家庭氛围中，一家人同堂共赏。

还有，电视观众往往是带着消遣娱乐、欣赏愉悦的心情收看电视的，常常是在不知不觉中得到陶冶、受到教益。电视是同时诉诸视觉与听觉的媒介，观众更注重它的可视性。

另外，儿童与电视已结成亲密的“伙伴”关系。在所有大众传播媒介中，儿童最易于、也最乐于选择电视。儿童花在电视上的时间最多，受电视的影响也最大。健康有趣的少儿节目才能使儿童身心愉悦，有益于他们的成长。

二、电视观众的收视心理

电视观众的收视心理主要包括一般心理和特殊心理两部分。一般心理是指绝大多数电视观众共有的心理。特殊心理则指不同年龄、不同职业、不同文化层次以及不同性别等特殊电视观众群的心理。

研究电视观众的一般心理可以使我们在宏观上把握广大观众的心理需求，从而使电视节目最大限度地满足人民大众的需求。同时，也不可忽视电视观众的特殊心理。因为只有研究不同电视观众群心理的差别，才能在微观上根据不同对象制作出满足不同观众多样需要的电视节目，也才能充分发挥电视的优势，向社会做全方位的覆盖与渗透，以增强传播效果。

(一) 电视观众收视的一般心理及行为

1. 主人心理

电视机既作为一种商品，又作为一种信息载体，它的这种双重性使得作为电视机主人的电视观众也具有了双重的主人身份

——购置使用的权力属于各个家庭，每个家庭又都有自由选择和评价电视节目的权力。由于电视节目多频道、长时间地播送到家庭，任由观众选择和评价，这种传播的易得性更加增强了观众的主人心理。与其他传播媒介相比，电视观众对电视节目的主人期待是最强烈的。

主人的心理，一方面表现为对电视的肯定性，比如表现在要求电视节目满足家庭各种职能的需要——要既有国内外以及本地的新闻时事报道，以满足观众对于信息的需求，也要有直接传授日常生活各种经验的服务性节目，还要有提供给家庭健康有益的文化娱乐的节目等等；另一方面表现在对电视的否定性，比如对于同家庭利益、社会需要以及各种固有价值标准抵触的节目，观众往往持否定态度等。

总之，电视观众在收视过程中持有比接受其他媒介更强烈的自尊心和自主性。这种心理特点的形成同电视机隶属于家庭、多采用家庭观赏的方式有着直接的关系。

2. 期待心理

所谓期待心理，是指受众对电视节目的社会心理和审美心理的预求状态。

在大众媒介竞争日益激烈的今天，电视传媒以其独特的功能"汇天下之精华，扬独家之优势"，成为大众需求的首选媒介。即时传播的电视特性使受众对电视荧屏有了"先睹为快"的期待，连续定期的播出方式使人们有了对电视节目持久的延续期待，大众化的丰富内容使人们对电视节目有了指向性的期待，甚至特殊的节目形式也成了人们仪式化的期待。

受众的期待源于受众的需要，多种多样的受众需要构成了受众对各种电视传播的期待，其中主要有信息期待、娱乐期待等。

信息期待——

对信息的需要是现代人最基本的精神需要。人们看电视，在很大程度上是为了满足自身对信息的需求。电视是现代社会中人们获取社会各种信息的最便捷的渠道之一。卫星技术的使用，瞬间就可以把发生在世界各地的重要事件迅速地传播到万里之遥的另一个地方，极大地延伸了人们耳目这两个主要感觉器官，使人产生“天涯咫尺”之感，地球也仿佛变得越来越小。世界瞬息万变，新学科新知识层出不穷，而电视正适应了这一情况，成为多种信息和知识的集纳，成为分散在各家各户的社会成员的“公共课堂”。由于电视是多功能的传播媒介，观众期待的信息也是丰富多样的。

随着现代社会的发展，商品经济的进一步繁荣，社会生产和人民生活中各种信息的交流量越来越大，信息传播速度越来越迅速，人们对信息渴求、对外部世界了解的心理也愈加强烈。这无疑会成为观众收看电视的最主要的目的。1997 年在全国范围内所进行的第三次全国电视观众调查已证明了这一点。在 1992 年全国电视观众抽样调查时，“娱乐消遣”还是观众收看电视的首要动机，而时隔五年后的 1997 年，电视观众的收视需求已发生明显变化，“了解国内外时事”已超过“娱乐消遣”成为观众收看电视的首要动机。值得注意的是，在这次调查中，所列 11 项收视动机中排名前 6 位的大部分与获取信息、了解世界相关。

从心理学角度看，受众的需要、兴趣和动机是人们决定选择和收看什么电视节目的要素，也是人们期待电视传播各种信息的心理基础。一种想使某种需要得到满足的意向构成了观众的兴趣，而为满足某种需要促使人们从事某项活动的兴趣构成了动机，在某种需要的动机下促发的心理欲望构成了人们的期待，对观众期待的满足是各电视媒介努力奋斗的目标。比如，近年来，各电视媒体不断扩大新闻报道面，增加滚动播出次数，延长每次新闻播放时间，甚至像 CNN 那样全天24小时播放新闻的新闻频道的产生，都在不同程度上满足了受众在新时代对信息的渴求。

娱乐期待——

从古至今，人人都有消遣娱乐的需要，这是人类社会生活中不可缺少的内容。每个人都有其各自的消遣娱乐方式，千差万别。电视进入绝大多数家庭之后，引起了人们娱乐消遣方式的巨大变化。如今，电视已成为亿万家庭的主要娱乐工具。

电视之所以成为广大观众娱乐消遣的主要媒介，主要与以下几点有关：其一，电视独特表达方式的声画并茂，流畅运动的画面与和谐悦耳的声音有机融合在一起，使之具有得天独厚的愉悦性。其二，欣赏节目的易得便利性，观众足不出户便可在家中欣赏到各种各样的节目。其三，电视具有非常灵便的“复制”功能，可以将各种其他艺术作品（比如电影、戏剧、歌舞等）搬上荧屏，呈现给观众一个精彩纷呈、绚丽多姿的世界。电视除了直接提供文艺娱乐题材的节目外，其他各类节目也程度不同地愉悦着观众的视觉和听觉。

3. 参与心理

电视具有强烈的真实性和现场感，使屏幕前的观众身不由己地融入节目的现场气氛之中。观众的参与心理在收视行为中表现得也很明显，比如在节目播出过程中观众随时可能对节目内容、形式、主持人记者的镜前表现评头品足，更有热心的观众在看节目的同时就给电视台打电话，或谈自己的观感，或批评，或建议，至于各类电视竞赛型和谈话型的节目，观众更是能够直接参与传播的行为，并且随着技术的发展，观众的参与会愈广泛深入。观众能够对电视节目拥有越来越多的选择权，产生决定性的影响，观众在电视传播的过程中将会居于主体地位。

4. 选择性心理

电视的普及以及电视节目的不断丰富，使得观众对电视节目的选择性越来越强，要求越来越高。他们不会满足于“你放我看”的传播方式，希望拥有更大的选择自由。

选择性心理是观众重要的特点之一。面对扑面而来令人眼花缭乱的信息，观众总是挑选那些能引起他们兴趣以及符合各自需要的信息。选择性心理分为选择性注意、选择性理解和选择性记忆。

选择性注意——

注意的指向是指人在每一瞬间，其心理活动或意识选择了某个对象，而同时离开了其他对象。注意的集中指当心理活动指向某个对象的时候，便会对这个对象集中注意，全神贯注。比如当观众打开电视机时，画面和声音同时诉诸他们的视觉和听觉，由此刺激并引起了观众的注意，观众通过注意然后开始有目的地选择自己所需要的内容。所选择的节目如果深深地吸引了观众，那么他就会排除其他干扰聚精会神地看下去。如果不是观众所需要或感兴趣的信息，他们就会转换频道乃至关机。由此可见，唤起观众对节目的注意状态，使他们保持良好的心态进入收视过程，这就是观众产生其他心理过程的前提。

在选择性注意过程中，常常伴随着有意注意和无意注意两种心理现象，有时二者交替出现或互相转化。

有些观众收视之前就带有明确的目的性，尤其是预先从电视节目预告中获得了一定量的信息之后，当打开电视机时便会集中精力注意选择那些需要的节目。然而，对于很多人来说，在看电视之前并没有预定的目的，观众在收看节目的过程中又表现出很大的随意性。因此，以“偶然碰上了，觉得不错就看下去了”为依据收看电视节目的比例也比较高，这种情况具有普遍性。比如，电视台正在播放一部很好的电视连续剧，有些观众没有看到开头部分或前几集，但打开电视机看了以后觉得很有意思，那么在此之后他就会注意以下各集的播放。

选择性理解——

选择性理解指不同的观众对于同一信息作出不同的解释或结

论。在理解过程中，人与人之间存在着很大的差异性，传播者所传播的讯息不可能使全部接受者都能按照他本来的意图去理解，事实恰恰相反，对于同一信息，接受者会有千差万别的理解。当然这并不等于说电视工作者在这方面就束手无策。如何使广大观众对所传播的内容取得共识，对所传信息进行准确地还原和解读，达到对传播者想表达的思想观点基本相同的理解？明智的办法就是在充分尊重影像的基础上加以适度开掘，对观众因势利导，揭示出事物内在的本质和规律，与观众达成共识。

选择性记忆——

任何人都不可能把一切所闻所见原原本本都记住，这是因为人们只愿意记住那些对自己有用或感兴趣的部分，而容易忘记那些与自己无关或不喜欢的部分，这就是选择性记忆。人们在记忆时带有明确的感性色彩或实用性，这就要求传播者尽量给观众提供一些他们共同感兴趣的、与他们的切身利益相关的、能够激发他们强烈共鸣的节目。在节目的形式或编排上，一方面要根据观众的记忆规律进行编排；另一方面要充分发挥多种技术手段，使形式新颖生动，从而吸引观众。

选择性注意、选择性理解、选择性记忆三者之间是相互依赖相辅相成的关系，只有被注意了的事物才能进而去理解它，只有引起了注意并被理解了的事物也才容易记住它。

观众的一般心理还时时受到时代特征和社会环境等因素的影响。随着社会的前进，随着传播活动向着更广泛更深入的领域开拓，观众的心理也必将呈现出越来越复杂的变化。

5. 逆反心理

逆反心理是指观众对所传播的内容的理解和评价朝着与传播者意愿相反的方向逆行的一种思维定势。具有逆反心理的受众往往采取与传播者相对抗的态度和行为，在传播活动中表现为受众对传播内容采取怀疑、抵制的态度。但这种倾向常常并不是对所有传播内容相抵触，而是对部分传播内容因某种原因而产生抵触引起的。

逆反心理往往是由传播者本身以及传播内容、方式的失当而触发的，是由于受众对传播的抵制而出现的一种违背传播者意图的现象，也是受众在态度和行为上与传播相对抗的现象。

逆反心理常常表现为在受众中产生对“否定宣传”和“一致性宣传”的逆反现象，越是被禁止、越是受批判的对象越是容易引起受众的关注，以致出现对批判和禁令宣传的反感。另外，当传播者为了加强人们已有态度而大量提供支持性信息或节目的时候，也会引起受众的逆反现象。还有，当人们对社会上某些现象已存反感状态时，如果传媒机构还一味去作所谓的“正面引导”，只会起相反的作用。如果我们电视传播机构掌握受众在传播过程中的特定心理，及时调整节目，改变传播方式，善于引导观众，就一定会增强电视传播的效果。

（二）电视观众收视的特殊心理及行为

电视观众的心理不仅具有普遍性的一面，而且还具有差异性的一面。观众的心理因个性倾向和个性心理特征的不同，呈现出极大的差异。不同年龄、不同性别、不同地区和不同民族观众的心理是千差万别的。个人差异具体表现为：1. 人们各自的心理结构不同，决定了他们的倾向与行动的不同；2. 人们的先天禀赋和后天习性形成了个人之间的差异；3. 一个人的心理结构之所以不同于其他人，是由于他在认识客观环境（即“学习”）时获得的立场、价值观念和信仰所造成的；4. 个性的千差万别还来源于人们在认识客观事物时所处的不同社会环境。观众各有所好，这正是电视节目“众口难调”的最主要原因。

研究电视观众的特殊心理，主要是对不同层次或不同社会群体观众的心理进行考察和分析。根据社会分类理论，大众传播的接收对象因年龄、性别、种族、文化程度、职业、经济收入和居住地区等方面不同的“人口特征”形成了各自不同的“社会集合体”。属于同一集合体的观众抱有比较一致的社会观、价值观等种种观点和看法。这样，他们大体上会选择相同的传播工具，接触相同的内容，对于媒介的信息也会产生大致相近的反应。这里既强调社会群体的共同意识而又不局限于个人之间的差异，同时又承认社会群体之间仍各不相同。依据这一理论，深入研究不同层次的观众心理，可以使电视节目针对性更强，尽可能地满足不同层次观众的不同需求。

第二节　电视观众的观众反馈与观众参与

一、电视观众信息反馈

（一）电视观众信息反馈的意义与作用

在传播学中，反馈是指受传者对传播者发出的信息作出反应，传播者再据此检验传播的效果，调节后继的信息传播，其中包括信息内容、信息的符号形式和排除信息传递中的干扰等。

电视观众信息反馈指电视传播者通过电视观众对所传信息的反应来判断他们的心态和需求，检验其传播效果。对于电视机构来说，健全的信息反馈应该是立体的、全方位和多层次的。它包括来自观众、政府部门、专业研究和社会调查等机构的信息，还有报刊、广播等媒体刊载的有关文章和观众反馈资料等，这是广义的信息反馈，其中最经常、有系统、有计划、主动而直接的信息反馈当属电视机构和其他相关机构所进行的收视率调查和各项专题调查。

电视观众的信息反馈和观众调查的意义在于：有利于电视机构及时总结和评价节目，分析和判断观众的需求，不断调整节目结构，改进和提高节目的质量及编排形式，更好地为广大观众服务。

电视观众信息反馈有以下几方面的作用：

1. 作为衡量和检验电视传播效果的标尺。广大观众凭着自己观看电视的真实感受，从不同角度、不同侧面提供他们的反馈信息，能够比较真实地反映传播效果。

2. 为信息传播的准确度和可靠性把关。广大观众是社会活动的实践者，对传播内容的真实性的判断最有发言权。他们对那些虚假的、不符合生活逻辑的内容是不会放过的。

3. 为制订电视编播方针、决策和改进节目提供依据。通过反馈，在宏观上电视机构可以及时地调整或重新制订工作决策；在微观上电视机构可以根据观众的需求不断改进节目或调整节目。

4. 在客观上会刺激观众的主人心理和参与心理。尊重观众的反馈意见直接体现出尊重观众使用、监督媒介的合法权益，调动广大观众更积极地收看节目，向电视台提出自己的想法、意见和建议。

5. 有利于电视机构不断开辟新的节目线索，扩大报道范围。观众在收看电视后，尤其对那些能引起他们共鸣的节目会产生一定的反应，为电视机构提供新的报道线索和题材，丰富节目内容。有些观众的反馈信息，诸如对电视节目本身及其所报道事件的评价、建议往往成为后继节目的契机或素材，强化了电视台与观众交流互动的公开性。

6. 有利于社情民意的“上达”。观众和社会各界的反馈信息，不仅是电视机构的信息资源，同时也是广大群众同政府和外部世界进行信息沟通交流的重要渠道之一。

（二）电视观众信息反馈的特点及其局限性

我国目前阶段的电视观众信息反馈有这样一些特点。

1. 反馈的零散性

具体表现在观众的来信、来电等反馈信息总是杂乱零散的。数十万、数百万乃至几亿观众同时观看一个电视节目，会产生各种不同的反应。如果收看不同的节目，其反应更是千差万别。而真正采取有效的反馈形式，如给电视机构写信、打电话提出意见或建议的又只是其中极少部分观众。观众反馈的信息是无序的、零散的。电视机构要在这些无序零散的反馈信息中认真进行筛选，才能挑出那些最有典型性的意见和最真实反映观众心理的信息。

2. 反馈的迟延性

电视机构与电视观众在时空上总是存在着一定的距离，从传播、接收到反馈必然有一个过程。电视观众收看节目的反应不可能像人际间面对面的交流那样，喜怒哀乐马上可以表现出来。它总是需要一定的时间才能把收视的情况反馈给电视台。所以，根据这种特点，电视机构要在充分利用现有反馈系统的条件下，尽量提高观众反馈的时效。反馈越及时，其作用就越大，电视机构在安排节目时就会有更大的主动性。同时，当电视机构收到反馈信息并对节目做出某些调整或改进之时，还要考虑到这一时间差中的新变化。

3. 反馈的积累性

由于反馈零散的特点，对于电视观众在一定时间内积累性反馈的调查则显得非常重要了。根据电视观众积累性的信息反馈，电视机构可以比较全面准确地把握观众的心理和需求。

4. 反馈信息的差异性

由于电视观众可以划分为不同的类型和层次，他们从各自不同的角度来观察事物，反应的意见和建议也必然显现出很大的差异。面对这些众说纷纭的反馈信息，电视传播者应该站在客观的立场上，仔细、冷静、科学地对这些信息进行分析，下一番“去粗取精，去伪存真，由表及里，由此及彼”的功夫，把反馈信息与产生这些信息的历史背景、社会环境和具体视听情境结合在一起考察，进行科学的定性分析和定量分析。这样，才有可能对反馈信息作出准确、恰当的判断。

5. 反馈信息的非直接性

在实际收视过程中，观众往往需要解决某些具体问题，或者对所接收的节目持极为赞赏或完全否定的态度时，才最容易形成直接反馈动机。对于大多数观众或对某个观众的大部分收看过程来说，所接收的信息与他们并非直接相关，或者难以形成对他们的强烈刺激。所以，绝大多数观众的反馈信息都是非直接反馈，即不进入来信、来电话等这一类直接外显的反馈渠道，有的仅仅三言两语，即兴议论而已。但值得注意的是，这些间接的反馈信息由于面广量大，具有普遍性和代表性，它们对于电视机构来说是至关重要的。如果电视机构仅凭来信、来电等外显的反馈信息来设置和评价节目，忽视那些非直接反馈的信息，则很难全面深入地了解广大观众的真正需求。

观众与电视台联系的方式随着社会的发展将变得更为多样化，这也使观众与电视台的联系更为方便、快捷，对电视节目的反馈也更为及时、方便、快速。可以想象随着科学技术的进一步发展，电视与观众间的联系将更为密切、快捷，观众的反馈也将呈现出新的特点。

二、电视观众参与

受众参与传播这一命题，国外许多专家学者对此曾进行过多学科、多角度的研究，并且在一些有关论著中使用了许多不同的“参与”概念，例如“公众参与”、“社会参与”、“亲身参与”、“受众参与”等等。本世纪 70 年代日本学者从政治学和社会学角度提出了“社会参与”这一概念，其实际含义为：广大群众有权直接参加传播过程，可以通过传播媒介自由发表意见，而大众传播媒介应该成为受传者发表意见的社会讲坛。对于政府来说，它应该保障群众这一权利的实现。

近来各类大众传媒都开始重视由传者主体向受众主体的突破，给受众把握“内容主权”开辟出越来越大的空间。正是在这一背景之下，电视观众参与电视传播理所当然地就成为电视传播活动重要而迫切的课题。

电视观众的参与就是让观众走上屏幕或通过某些渠道（如来信、来电、网络等）直接或间接地参与电视节目的采制及播出过程。

(一) 电视观众参与的特点

不同的传播媒介运用不同的物质技术手段，这也就决定了各种媒介在传播手段和方式及其给予观众的感受等方面互不相同。我们可以通过比较电视与报纸、广播这两种大众传播媒介形式在受众参与上表现出的不同特点来认识电视观众参与的特点。

1. 与报纸相比较

电视的直接性，报纸的间接性。电视屏幕上的参与，观众能观其人、闻其声、临其境，加之各种现场声响和气氛，具有很强的直观性，很容易引起观众的兴趣，诱导他们参与到节目中来。与之相比，报纸的读者在参与性上就不如电视的观众来得便捷。读者参与是只见其文，不见其人，具有间接性。

电视参与过程，报纸参与结果。电视传播是通过大量运动和变化着的图像、声音、文字等元素来实现的，这种运动过程往往是在“进行时态”中得以完成的。一般说来，只要时间充裕，观众能够自始至终看到参与的全过程。报纸上的参与则呈现出一种“静态”，它所展示的是参与的结果，时态上是一种“完成时”。参与过程如何，只能见诸文字描述或凭借读者自己的想象去补充了。

2. 与广播相比较

电视虽然与广播有很多相同或相似的地方，但二者在受众参与上还是有一定的差异。

电视是视听综合的参与——电视传播同时诉诸于受众的视觉和听觉，广播的听众则是只闻其声，不见其人，“耳听为虚”，尽管说话声音确实是观众本人的，然而其真实可信性还是比电视略逊一筹。

电视是时空综合的参与——广播与电视感受的时空维度不同。电视是将“时间艺术”和“空间艺术”融会在一起的综合艺术，因此，在二维的空间上给观众以“三维”空间的感受，是立体的、全方位的感知。这种“三维”空间的感受有利于观众参与节目，他们甚至调动全身感官对节目进行全方位感知。广播则是一种“时间艺术”，这种时间是由“过去、现在、将来”构成的连续不断的“线性”系统，给听众的感受是“一维”的。在听广播的过程中，听众感知到的空间必须靠自己的理解和想象去弥补。

电视是多符号参与传播——电视的影像、声音文字等多种符号的运用如果各得其所，对于观众参与节目同样也具有比参与广播节目更丰富的表现力。

由此不难看出，在受众参与节目这个方面，电视比报纸、广播等大众传播媒介更有得天独厚的条件，居于明显的优势地位。

（二）电视观众参与的必要性

首先，观众参与电视节目可以使电视台贴近群众，贴近社会，贴近生活。有些对话或竞技类节目把参与者直接推到了亿万观众面前，他们的喜怒哀乐、言谈举止会深深地感染观众，那些活生生的语言以及真实、自然、质朴的思想情感也会使无数观众“移情”其中，不知不觉被“同化”，甚至达到“忘我”的境地。

其次，观众参与是扩大节目来源的一个重要渠道。作为电视传播主体的观众已成为开掘不尽的节目资源。在一些竞技类节目以及各种晚会和联欢会当中，观众成为节目越来越重要的组成部分。

还有，观众参与节目有助于社会各界交流沟通，相互理解，协商对话。观众参与节目的目的不仅是为了传播某些信息，更重要的是为了交流，为了促进社会团体、各阶层人们之间的了解和沟通。针对社会上一些群众关心和想要解决的“热点”或“疑难”问题，电视台往往请来有关领导、专家学者和一部分观众进行对话，这样做可以激发屏幕前观众的参与欲望，产生广泛的社会影响，有助于问题的最后解决。

最后，观众参与有利于对传播效果进行及时反馈，便于电视台及时对节目加以调整和改进，以适合观众需要。

第三节　电视观众调查

电视传播者与电视观众处在电视传播过程的两端，是整个传播过程中必不可少的两个组成部分。没有“受”就无所谓“传”，反之亦然。“传”与“受”各以对方作为自己存在的前提和条件，电视传播过程正是通过传者和受者双方的并存和互动而实现。在这个过程中，节目作为“中介”把传受双方紧密地连接起来，观众成为节目价值得以实现的承载者，同时也是节目优劣的最后“评判者”。电视传播的最终目的就是要使节目为观众理解和接受，实现其社会功能，获得良好的社会效益。如果电视机构花费了大量的人力、物力、财力制作出的节目最终不为观众喜欢和接受，那么这样的传播将失去应有的意义。由此可见，“传”与“受”的矛盾是电视传播过程中最主要的矛盾。在这个主要矛盾中，观众应成为矛盾的主要方面，也就是说观众是传播活动的主人，他们可能最终决定节目的内容乃至电视机构的前途和命运。

电视观众调查主要是对电视传播活动中观众收视节目的基本现状、节目覆盖率、收视率、观众构成、观众收视的心理和行为特点以及观众对节目的反映、要求、意见和建议等方面进行调查，属于描述性研究的初级阶段，是深入研究的前提和基础。电视观众研究，主要是研究观众对节目产生需要的原因，观众获取信息、知识、文化娱乐的方式和渠道，观众的价值观念对收视效果的影响，电视传播对观众的思想行为所产生的作用与影响等等。同时，还应与报纸、广播等传播媒介作对比性研究，找出电视传播特点、规律，以充分“扬长避短”。电视观众研究的对象包括一切具有视听能力的人。

一、电视观众调查方法的演进

科学的研究方法是伴随着科学的发展而发展的。现代社会传播媒介的受众调查是以本世纪初美国市场调查所采用的统计抽样方法作为基础的。它通常是采用各种社会调查方法收集、整理观众对传播媒介的需求、欲望、意见、态度、倾向和评价等信息资料，并运用数理统计的方法对其进行定量分析研究，目的在于从观众的各种反应中测定传播的效果、效率及其社会功能。

从我国观众调查历史发展的情况来看，1982 年由中国社会科学院新闻研究所发起的观众调查可以被视为调查方法的分水岭。在此前是传统的调查方法，即选择典型、开调查会、发征询、调查信件和表格等方法。在此之后是传统的典型调查同国际通行的抽样调查相结合的方法，将定性研究和定量研究结合起来，即所谓的社会统计分析方法。传统的调查方法其优点是时效快、省时间、不费钱，而且便于同被调查者直接交流情感和意见，还可对某些问题进行比较深入的探讨，其缺点是无法进行定量分析。社会统计的分析方法则既可以反映客观事物质的规定性，又可反映客观事物量的规定性，准确而科学。

可以说，西方近60年的观众调查史实际上是各种调查方法层出不穷、相互补充和相互完善的历史。与之相比，我们还有很大的差距，但是由于我们一开始就借鉴了国外比较好的理论和方法，因此少走了许多弯路。近年来我国许多观众调查研究成果具有科学实证性和较高的学术研究及应用价值，这主要表现在以下三个方面。

首先，抽样的设计逐步恰当合理。从简单的单一抽样方法到较复杂的多种抽样方法的结合使用，从而避免了样本的偏颇，提高了样本的代表性。比如，1982年6月8日开始的北京地区首次大规模观众调查就是用这种抽样方法。把观众按性别、年龄、职业和文化程度分门别类，然后按随机原则从各类中抽取调查样本。随着调查规模的扩大，特别是在有的调查事先并不掌握总体资料的情况下，单单采用类型抽样法已不能满足调查的需要。这样就要采用较复杂的整群抽样调查方法，即首先把要调查的群体分为若干群（组），然后在各群中一群群地抽取调查样本，最后对抽取的各群的所有样本进行全面调查，1987年全国电视观众调查就是采用这种方法。随着研究的深入，一些对特殊观众群体的调查还采用随机抽样和非随机抽样方法结合的形式抽取样本。

其次，问卷提问内容由浅入深，从事实性、意见态度性内容逐步向认知评价性内容扩展；问卷指标设计从较注重客观指标到以主观指标的设计为主。80年代对观众调查的问卷往往停留在对观众行为的考查上，包括观众的行为、习惯、对媒介接触情况等，一般只涉及到诸如观众的兴趣、喜好、情感等描述性分析，而很少涉及观众更深层次的心理活动或媒介传播对观众现代观念的影响。近年来这种情况有所改变。例如，1987年全国电视观众调查所涉及的观众对“有关电视的13种评论”的认知态度和评价就明显地比以前电视观众调查深入了一步。

与1987年全国电视观众调查相比，1992年全国电视观众抽样调查在问卷总体设计上又明显地比前者深入了一大步。此次调查的目的是为了揭示我国电视观众的收视行为和心理规律，保持调查研究的连续性、系统性，扩大我国电视研究在世界上的影响，同时也为了给电视决策和宣传工作提供科学依据。与1987年比较，这次调查不仅要对观众收视行为和心理进行描述性的分析，还要探讨他们的收视动机，并对造成观众收视行为和心理差异的因素及其关系进行多元统计分析；同时，这次调查还要在1987年调查的基础上考查五年来我国观众收视行为与收视心理的发展，并进行预测性的分析。如果把1987年与1992年两次调查问卷的内容相互对照，便不难看出，不论在深度上还是广度上，后者都超过了前者。比如，在“基本情况”方面1992年增加了“闭路和有线电视的发展规模”、“开展电话调查的可能性和范围”等内容，这表明五年来我国电视事业得到了迅速发展，观众的收视条件和收视环境以及通信工具的利用等都得到了很大改善。在“行为规律”方面1992年调查增加了“环境对观众收看行为的影响”，扩展了外界因素对观众收视行为影响的范围，并且进一步研究“收看习惯的形成和分类”，可见，在“行为规律”方面的问卷设计，更趋于精细。在“心理规律”方面，观众对电视及其节目的态度、评价和节目类型的选择则深入和扩展到“观众对电视提供的各类信息的信任程度”、“社会交流对观众接受心理的影响”、“影响观众收看兴趣的若干因素”等诸多方面，这种比意见态度等更为深入持久地反映观众深层心理活动和状态的问卷设计是这次调查非常重要的内容。

第三，对资料的定量更加科学准确。从以简单的频数统计和常用的百分率法为主转向越来越多地采用一些较为科学和复杂的统计方法。起初，我国开展观众调查，对于像观众人数、媒介拥有和接触程度等情况，大都是采用计算绝对数的简单频数统计分析，对于观众构成和分布以及兴趣爱好程度也一概采用百分率的分析方法。随着调查研究的逐步深入，这种简单直观的方法已显得落后了。从1985年开始，一些观众调查开始采用数理统计分析方法。在近几年的电视观众调查中，这种方法也逐步得到完善。

继1992年全国观众调查之后，中央电视台于1997年又进行了第三次全国观众调查，实现了五年一轮的追踪式调查，获得了最新的全国的数据资料，从中生动地反映出我国电视观众及其收视行为、心理的变化，为如何更好地为广大观众服务提供了丰富的信息资源。

二、电视观众调查方法的种类

关于观众调查方法的种类，主要有抽样调查法、典型调查法、来信来电分析法和收视率调查法等。着重介绍一下抽样调查法和收视率调查法。

1. 抽样调查法。抽样是筛选研究对象的过程，即从全体中抽出具有代表性的一部分来调查，从中提出估计的结果，然后推论全体调查对象的情况。这是目前国内普遍采用的调查方法。

在抽样调查中，全体调查对象被称为总体，而从中抽选出来的那部分代表则被称为样本。统计抽样理论的发展使全国性的抽样通常只需要几千人的样本数就够了。

抽样调查有以下几个明显特点：

随机性——指抽取样本时必须严格遵循一定的方法和规则，使得总体中每一个调查对象都有相同的可能性被选入样本。这就能够保证样本具有较好的代表性。这是抽样调查最重要的特征。随机性可以排除调查者在选取样本时的主观意愿、个人好恶的影响。

由样本推断总体准确性高——由于抽样是随机的，因此在抽样调查分析中可以应用一些数学中概率论的原理，这样由点到面的推断具有严格的数理依据，结果是非常准确的。

省时省钱省力——这是由于抽样调查只需了解调查对象的极小一部分。

误差可以事先计算并加以控制——任何调查都会出现误差，抽样调查也不例外。但是，抽样调查的误差是可以计算出大小范围的。

当然抽样调查也有不足之处。比如，机动性差，因为问卷是固定的，对所有观众提同样的问题，只能在有限范围内作出选择等，还有就是问卷不能使用复杂的提问形式，对被访者回答时的情境较难控制，这些都是很难避免的。

2.收视率调查法。狭义的电视观众调查，一般特指“收视率调查”。收视率是指特定电视覆盖区内观众收视具体节目的数量标志，是描述电视节目拥有观众数量多寡的一种相对的统计指标，通常用百分比表示。

收视率有多种计算方法：某个节目的收视人数与观众总数的百分比，称为绝对收视率；收看某个节目人数与打开电视机的观众总数百分比，称为相对收视率；此外，还有平均收视率、瞬时收视率、累计收视率、开机率等。确定收视率常用的方法以户或个人为单位计算：

收视率＝某一时间、某一地区收看某节目的户数（人数）÷同一地区拥有电视接收设备的总户数（人数）×100%。

国际上通行的收视率测量途径主要有四种：挨户访问、电话访问、日记调查和仪器测量。在我国主要采用的是日记调查，即让被抽中的调查样本户将自己收看了什么节目、在哪个频道、什么时间收看等内容，一一填写在“收视率调查日记卡”上。

收视率测量的优点在于：真实、客观、详细、可靠，对电视台实现现代科学管理很有好处。但是它也存在着某些局限，比如它只能客观地反映观众的收看情况，而对于揭示在收视过程中观众不断变化的心理特性和态度、信念等方面却无能为力。而且，收视率的高低与节目质量的优劣并不必然呈正比关系。事实证明：有些优秀节目收视率却比较低，而某些收视率高的节目却格调不高。收视率的高低还受到某些其他因素的影响，比如在黄金时间播出和在非黄金时间播出，其收视率差别是很大的。此外，节目或栏目是一般性的还是对象性的、传播覆盖是全国性的还是地区性的等诸多因素，都直接影响着收视率。收视率的高低不能成为衡量某个节目质量高低的惟一标准。收视行为本身掺杂着极其复杂的因素，不是简单的统计数字能全部说明的。尤其是看与不看的行为虽然单纯，但不看或看过之后，观众都有很多意见。如何深入探求观众微妙的心理因素，这是我国电视传播者应经常思考和探讨的问题。

复习与思考

一、在电视传播中如何满足电视观众的一般收视心理？

二、在非群体化的电视传播时代如何更好地满足电视观众的特殊收视心理？

三、在电视传播的过程中为什么要注重观众反馈和观众参与？

第八章

电视体制的类分

自学提要

• 理解电视制度是媒介社会属性的集中体现。从本质上看，电视制度大致可以分为私营商业制、公共服务制、公有国营制三种主要类型。通过三种制度的比较，结合美、英、法等国的电视发展状况，进一步明确这三种电视制度各自的特点。

• 理解三种电视制度虽然各不相同，但它们之间可以相互借鉴、相互融合。今日世界很少有哪一个国家的电视制度采纳单一纯粹的一种体制，大多数国家的电视模式采用多种互异的电视体制成分并存的形式。它们相互制约、相互配合，各自取长补短。以美国、英国两类不同的电视经营模式为例，进一步理解三种不同的电视制度之间融合和互补的关系。

电视制度，或称电视体制，是一国电视事业所赖以建立和组成的所有制形式和结构方法。电视体制包括制度和体系两个部分，它既包含理念和法规的基础，又包含组织和经营的内容。电视体制主要取决于电视事业的所有权和国家对电视事业进行管理的法律和行政规定，它也是电视媒介组成的方法和遵循的路线、方针、政策的总和。不同国家采取的电视体制，往往是历史的原因造成的。

在电视之前，声音广播已经取得多年经验。电视制度是在广播制度的基础上建立和发展起来的，带有许多遗传的因素。在世界绝大多数国家，电视广播与声音广播一道，属于广播事业的一部分，电视制度与广播制度通常也是合二为一的。

在广播电视诞生的初期，与之相关的法律规范也在试验当中。任何一个国家的广播电视体制和政策，都面临着多种的抉择：广播电视应当对社会承担哪些使命、提供哪些服务，一般公众如何利用媒介、怎样介入媒介的活动，媒介享有的自由有多宽泛、其限度在哪里，等等。管理的问题集中在经济体制上——广播电视对人民的服务究竟应该由私人资本进行市场运作,还是由国家监督税赋支持?是由投资者作为商业经营,还是由一个特许的机构实行垄断?媒介的权力是由国家直接操纵,还是由公众团体共同分享?对此各个国家从自己的经验出发,做出了不同规定。这些规定又与不同的文化传统和政治意识形态有很大的关系。

电视制度是媒介社会属性的集中体现。社会性质不同，媒介制度便不一样。当然还有许多客观的或偶发的因素也会产生影响。从实质上看，世界各国的电视制度大致可以分为三种主要的类型：一种是私营商业制，一种是公共服务制，还有一种是公有国营制。纵观全球的广播电视体制，基本上都是建立在这三种所有制基础之上的。就其所有制来说，或以一种为主，其他为辅；或为两种并存，共同发展；或为多种混合；少数国家为单一所有制。以美国为例，私营商业电视台占据了主导地位，但同时也存在公共服务制（PBS—公共广播网）和国有形式（VOA—美国之音）。

应该指出的是，每种制度都有利弊，没有哪一种的电视制度堪称完美。

一般意义上讲，以美国为代表的、以广播电视私有为基础的广播电视体制，是从赢利的商业角度出发的。广播电视台的私人占有，意味着它只对法律负责，政府无权干涉电台、电视台的独立经营和节目编排；同时还强调和保护言论自由，广播电视作为舆论机构监督政府和社会公共事务。同时，正因其私有化和商业化性质，对市场依赖性强，受市场规律的调节，以赢利为最终目的，围绕受众抢夺市场，因此，节目的制作和播出成为获取商业利润的手段。不可避免的是，这种为抢夺市场的激烈竞争往往导致了市场对广播电视的言论自由的较大影响和限制。此外，商业行为也造成了广播电视对公众教育的忽视，为提高收视率而泛滥的煽情、暴力节目给社会带来了严重的负面影响，引起了公众的不满。

公共服务制的出发点是兼顾国家、公众和市场的需要，试图在保障言论的相对自由和独立的同时，也注重广播电视对社会公众负有的责任。大多数西欧国家试图通过建立公共的广播电视机构，使之既可少受来自政府的直接干预和控制，又可减少市场对广播电视的压力。这种模式希望以一种中间的方式保证广播电视作为大众媒介的言论自由，同时强调其社会责任。但事实上，它又必须同时承受来自政府和市场的双重压力，虽然这种压力可能比纯粹的商业化和国有化压力都小一些。近年来，由于资金有限，竞争激烈，公共广播电视机构缺少活力，纷纷面临改革寻找出路。

至于公有国营制则以国家利益为最高指针，受政府控制并接受政府指导，资金主要来源于政府财政拨款，当然在节目制作和安排上也必须维护政府和国家利益，充当政府控制和稳定政局、社会的工具，有为政府政策、方针作宣传和解释的义务。实际上，它本身成为政府工具的一部分。所以，一方面它在人力、财力、物力上可以得到政府的支持，免受市场经济的压力，但其弊端也是显而易见的。

综观上述，以上三种广播电视所有制各有利弊，都是在“言论自由”和来自政府、市场的“压力”之间进行不断的协调平衡而逐渐形成的。采用私营商业化的广播电视体制的国度，确立了私有财产和言论自由的地位，以法律的形式确认了个体不受政府干预拥有媒介，却使媒介的运营倒向了市场，最终造成市场对媒介的控制一点不亚于来自于政府的直接干预，形成了事实上“言论自由”的受阻。公共服务制形式试图在政府和市场压力中寻找平衡以保持自主和多元化状态，然而却恰恰同时无法摆脱这两方面的影响；公有国营制形式使广播电视从市场的压力中解脱出来，却躲进了政府权力的笼罩之下。政府直接控制可以避免“重商主义”、“用户第一主义”以及利润动机而产生的危险，但是政府控制的媒介常常不能满足大众“充分的消息情报”的需求，并由此而生发出三种模式各自的问题。在媒介、政府、市场三者冲突、平衡中作出的选择事实上常常有顾此失彼、无法两全的无奈。它不仅表明了对各种体制莫衷一是的评判和取舍态度，而且提示出真正的、终极的“言论自由”也许只能是一种被不断追求着的理想。

几十年来，各种制度既相互竞争，又相互借鉴、吸收、融合。演变的结果，很少有哪一个国家的电视制度采纳单一纯粹的一种体制，而往往是多种互异的成分并存，相互制约配合，各自取长补短。特别是自 90 年代以来，随着全球化的趋势和媒介的大融合、大兼并，广播电视多种所有制并存的国家数目明显增加，私有制比重上升，公有制和国有制所占比例在下降。在一个国家的范围内，多种体制杂然纷呈已是常规的现象。

以三种主要的电视制度为基础，目前在世界范围内形成了三种最主要的广播电视运行模式：以美国为代表的商业化广播电视模式；英国和大部分西欧国家以及日本现行的以公共广播电视为主的双轨制模式；在少数欧洲国家和大部分发展中国家盛行的政府控制的国有广播电视模式。

第一节　私营商业制与美国的电视体制

私营商业广播电视体制以广播电视业的私人占有和商业化经营为基本特征。国家为制定规则的主管当局发放许可证，并进行程度不同的业务管理。

该模式以美国为典型代表，在广播电视体制方面深受美国影响的拉美国家以及东南亚的菲律宾，均以美国的私有制为榜样建立起本国的广播电视体系。美国的广播电视业起步早、发展快，长期以来成为国际间广播电视业的龙头霸主；更因其高度发达的自由经济与民主政治体制，美国的广播电视体制成为商业化最典型的代表。此外，美国在广播电视技术的采用、相关法规的制定等许多方面都走在世界前列，对全球广播电视业产生着影响。

一、美国电视体制概述

美国电视起源于声音广播，电视体制则来源于广播体制，它与广播体制是大同小异的。美国广播电视制度的基础是 1934 年美国国会通过的通讯法案。美国的《1934 年通讯法案》是在《1912 年无线电法案》和《1927 年无线电法案》基础上的补充和完善，是对广播电视事业不断发展做出的反应。通讯法案的条款历经修改，1996 年美国公布了《1996 年电讯法案》，这是最新的传播方面的全面立法。

《1927 年无线电法案》和《1934 年通讯法案》、《1996 年电讯法案》都规定了广播电视传播媒介满足“公众的利益、便利和必需”的义务。《1934 年通讯法案》规定，通讯法是美国广播电视政策的基本体现，它重申国会最初在《1927 年无线电法案》中声明的观点：美国的广播不应由政府经营，不应由私人垄断或成为无限制的竞争的纯自由的事业。国会选择了电台的私人所有制，由两党组成的独立法规管理委员会根据“公众的利益、便利和必需”颁发执照。基本方针确定之后，国会交由联邦通讯委员会（FCC）具体实施。FCC 被称为“独立的法规管理机构”。为使这个机构完善，总统保留了指定该委员会委员的权力；法院保留了对有争议的委员会决议进行审查的权力；国会则保留了对总统指定的委员会进行审批的权力和对委员会的执照颁发部门行使职权的情况进行监督的权力。这就是美国广播电视制度的法规框架。美国广播电视是在这个框架内建立体系和开展活动的。

1920 年 11 月 2 日，在美国宾夕法尼亚州的匹兹堡市，第一家领取了美国商业部执照开办的正规广播电台 KDKA 开始定期广播。这座电台是由美国无线电业的大公司西屋电器公司创办的。这一天被认为是世界广播事业的诞生日。1922 年 8 月 28 日，美国电话电报公司（AT&T）在纽约首先开办商业广告，从此开创了延续至今的美国商业广播电视经营机制的先河。AT&T 还在电话线路的基础上建立了全国广播联网。1926 年 9 月，美国无线电公司（RCA）组建了全国广播公司（NBC），并在购买 AT&T 广播电台的基础上，建立了一个广播电台体系（后来被称为红网），于 11 月 15 日开始全国性联播。这是美国也是世界上第一家全国广播网。1927 年 1 月，NBC 的第二个广播网（蓝网）开始播出。这样，NBC 一家便拥有了两个广播网。但是，此种安排违反了美国反垄断法的规定，结果，蓝网于 1943 年被出售，在此基础上建立起来的就是美国广播公司（ABC）。在此之前，1927 年 9 月 25 日，又一个广播网——哥伦比亚广播公司

(CBS) 广播网诞生。这样就形成了长期以来著名的美国三大广播网。美国的电视事业是从这些大广播网中孕育出来的。

新兴的电视事业很快遭遇世界大战的挫折，陷于停滞状态。战后，三大广播网都将主要精力投入电视事业中，于是，电视很快取代了广播的显赫地位。到50年代末60年代初，声音广播实际已经不再是美国的全国性媒介了。由于制定战后新的电视技术政策耗费时日，从1948—1952年，FCC停止审批新电视台的成立申请，这项政策被称为“冻结”政策。有限的市场保护了原有电视台的既得利益，美国电视节目蓬勃发展。“冻结”政策结束后，美国电视事业迅速膨胀，从1947年的一百多座电视台增加到1960年的四百多座。NBC、CBS和较弱的ABC各自建立了全国性的商业电视网，垄断了60%以上的电视台，覆盖了全国人口的绝大部分。与此同时，美国声音广播网惨淡经营，名存实亡。当人们再说“广播网”的时候，他们指的是电视广播网而不再是电声广播网了。

1952年4月结束“冻结”时期时，FCC为教育电视台预留下242个超高频电视频道。1967年，美国政府通过了公共广播电视法案。公共广播电视公司（CPB）及其下设的公共电视网(PBS) 和全国公共广播网（NPR）先后成立。PBS和NPR是全国性的、非商业性的广播电视网，是私营商业体制下美国广播电视的一道独特风景。美国公共电视虽然就影响而言远远赶不上商业电视，但多少纠正了商业性美国广播电视的偏颇。

美国的商业电视完全遵循“利润第一”的原则，极力追求高收视率，导致娱乐泛滥，广告成灾。但节目生动活泼，趣味性强。由于过度表现“性”和“暴力”，经常受到批评。

二、美国商业电视体制的建立和发展

在20年代早期，通过辩论美国人讨论了可以为广播提供经济支持的各种办法和经营机制。最终政府选择了不同于欧洲各国而与美国市场经济信念一致的广播制度。这是当时世界上独一无二的一种体制：它由私人经营，以广告时间的销售作为经济来源。不过，为了保证公共利益，广播媒介也必须在一定的法律规范内活动。当电视到来的时候，这种制度没有再经过任何讨论，便由开办电视的广播经营者自然而然地引进电视。

然而，尽管对私营商业电视服务于公众利益的可能性有着种种美好的设想，但在实践中，情况却是另外一样。对于使用公共频道资源、“为公众利益服务”的广播者来说，广播电视执照实际上是一种经济和技术特权，而不是一种人人可以享有的权利。执照确立并保护电台、电视台私人所有者的产权，而对广播电视网的运作方式和节目内容的监督却极其有限。也就是说，私人所有的美国广播电视业是由少数人享有的公众的权利。

美国的商业媒介法规体制，决定了其后美国广播电视事业发展的方向。

（一）商业电视网的集中化

法律规定，美国广播电视主要是地方性的，经营执照颁发给各个地方电台和电视台，让它们在各个地方为所有美国人服务。许多人也希望广播电视会循着这一路线发展。然而很快地，这种体制就变成以广播网为中心的模式了。全国性的广播网吸引着大把花钱的全国性的广告客户，规模经营的要求也使得地方广播者必须提供最丰富的节目和第一流的明星，因此，与广播网结合而成为附属台的地方电台和电视台总是比被迫独立组织节目的本地区其他电台和电视台更为红火、更有利可图。

在刚刚成长起来的电视行业，集中化很早便开始了，这是与广播不同的。产生集中化的主要原因是，在早期 FCC 决定电视只在甚高频（VHF）电子频道播出，由于 VHF 频道有限，多数大城市只得到三个频道。为了竞争的需要，电视集团迅速建立。

在那些最有利可图的大城市，NBC 和 CBS 组成了两个最大的电视台集团，另有两个相对弱小的电视网——ABC 和杜芒特（Dumont）相互竞争那剩余的一个频道。于是形成了一个城市“两个半网”的形势。杜芒特竞争失利，于 1955 年退出了市场，ABC 则拼命挣扎，直到 60 年代才站稳脚跟。1954 年，NBC 和 CBS 两大电视网直属的 12 家电视台占有美国全国电视行业一半以上的利润。到 60 年代，三大广播电视网已经招募了二百多家地方附属台，电视网的节目占据了 60% 的节目时间。而且，这种集中化还带来了统一的电视事业内部操作规则，影响了节目形式和出口政策。

（二）最大限度地吸引观众赢得利润

私人商业电视网致力于赢利，这种专心追求利润的体制将广告及广告客户的需求置于首位。广告客户需要尽可能多的观众，于是对节目的最终判定标准就看它是否热门、是否吸引观众，以及吸引哪些观众和吸引多少观众。对于节目热门与否的测量方式，是由调查收视率的专门机构提供的调查数据，不管是在全国还是在地方，收听收视率统治着一切。不管它们是否精确，收听收视率说了算。由于商业的需要，收视率统计的方法日益精确和日益科学，但它与节目的质量不成正比。艺术性的、有文化价值的节目如果只能吸引有限的受众，那体现它们价值的收视率数据就很低。

由于广告时间和节目制作费用日益高涨，广告客户逐步放弃早期单一赞助电视节目的方法，而采用联合赞助节目的体制。单一赞助的方法是由某一广告客户自行组织一档或数档节目，制定内容，聘请演员，购买时间，以厂商挂牌赞助的方式在电视上播出，这是由早期的非直接广告发展而来的。联合赞助节目的形式是广告客户只出资购买少量的广告时间，而将自己的广告交由电视网在各类电视节目中插播。这种方式将节目规划和审查的主要责任赋予电视网。而独立制片人为了换取播出时间，则往往出让部分节目版权和节目发行权。这样，电视网不仅权力极大增强，而且利润成倍增加。

电视节目发行之初也是由电视网垄断的，不过发行的节目并不都是电视网自己制作或属于电视网所有的，这些节目大多来自独立制片人。电视网通过播放节目取得这些节目的全部或部分版权，还有发行权，借助发行节目获得大量收入。它发现，由于可以将电视影片对国外发行，原来用于支付节目制作公司的投资显得微不足道了。这些节目可以径直拿去出口，获得收益。1961年，CBS影片公司向55个国家的电视台出口了1500部半小时的电视节目，获得可观的经济回报。两年后，这个公司成为全世界最大的电视电影出口公司。

在电视大发展的第一个10年，即50年代，美国电视网征服了本国观众，到1960年，美国电视的人口覆盖率已达86%，并继续发展。在第二个10年，即60年代，美国电视网看到了电视超越国界的极大市场潜力，它用电视征服了世界。

（三）商业电视制度的发展

尽管美国商业电视网取得了极大的商业成功，但它也受到来自各个方面的批评和攻击。这些批评和攻击有的来自利害相关的其他产业，有的来自理想不同的思想观念。在体制方面，商业电视的一个主要“敌人”是公共广播电视，它批评商业电视惟利是图，不讲公德；另一个主要“敌人”是电影业，它攻击商业电视垄断经营，要求利益均沾。它们都从体制方面提出了自己的设想。

商业电视的代表人物奋起保卫商业电视的原则。1946年，CBS的老板佩利对他的商业同伴说，公众对商业广播电视的批评是这个行业面临的惟一要紧的问题。他为商业电视辩护说，我们的做法并不像攻击我们的人所说的那样是邪恶的做法，而是体现我们这种媒介的极大力量，我们的力量在于我们向分布在广泛地域的最大量的受众提供服务的义务，恰好能够同时满足广告者向分布在广泛地域的最大量的受众推销产品的愿望。

早期广播电视节目大多由广告客户自行承包，于是一些人担心商业赞助者一手遮天，既损害观众，又蒙蔽电视网。对于承包现象佩利也有说法：广告客户在买下节目时间和演员表演的同时，也提供了受众选择节目的自由和不受政治控制的自由。他说，历史事实是，另外形式的广播只可能是政府的广播。于是，正是借助这种二者必居其一、没有第三条道路可供选择的逻辑，正是利用美国人民特别担心政治控制的心理，私营广播者保住了他们的广播电视特权和商业性操作方法。

但是，虽然免于政治控制的道理很容易说服美国人，商业经营机制的可行性在早期却不是那么令人信服的——电视毕竟比广播费钱很多。于是，付费电视成为早期电视经营的主要设想。许多人认为，必须靠公共经费的启动，发展电视事业才有希望，因而，采用国家征税制度是必然的，收费可以解决经费不足的问题。

好莱坞也提出了自己对付费电视的设想和计划：在电影电视节目信号中增加扰频信息，收费后解除密码，供付过费的电视观众收看。这样做可以为电视节目提供经费来源，同时，也是弥补电影界票房损失的办法。根据估算，电视收费所得将四倍于原来的票房。调查显示一部分富裕家庭的观众对日益低俗的电视节目越来越不满意，他们也支持收费的试验，愿意付费收看更喜爱的节目。于是，在 FCC 的批准下，1946 年，詹尼斯（Zenith）公司开始试制收费电视系统，一些公司还尝试对电视节目收费。

但是，收费电视的动议遭到电视网的极力反对。它们以“权利”和“正义”为号召，发动公众舆论和政治运动予以抵制。CBS 的董事长佩利向他们的观众描述道：收费电视是一种复杂的系统，而且它让观众为收看“自己家的电视机”而付费。这种政策是对数目超过3400万、总共已经花了135亿美元购买电视机的家庭的背叛。这些人购买电视机本来是期望随意收看免费电视节目的。NBC的萨诺夫也说电视不能“半免费半收费”。ABC的首脑戈登森于1958年向国会抱怨，说FCC是由国会创设来推动和培育一种免费的广播电视体制的，它不应该不首先征求国会的意愿便支持和鼓励另一种体制来毁灭现有的体制。商业电视一方面肯定观众对收费电视不感兴趣，另一方面又说批准收费电视开办就将毁灭免费电视，由于它们积极地进行院外活动，反对收费电视的运动终于取得很大的成功。再加上此时电影界已经加入电视节目提供者的队伍，开始在电视中播放原来准备用于收费电视的影片库存（仅1956年便发行了2700部旧影片），并通过发行获得了可观的利润，它们的主意也改变了。于是，电影界收费电视的尝试偃旗息鼓，直到70年代，才在有线电视中旧话重提。

60年代和70年代，由于有线电视和卫星电视的出现，美国的传播环境发生了巨大的变化，传播政策也作了相应的调整。政策的变化带来了电视市场的变化。1963年，美国公布了《超高频（UHF）频道接收法案》，大大增加了电视频道，并将一部分UHF频道拨给了非商业广播电视。1970年5月，FCC颁布《黄金时间进入规则》，规定电视网每天只可使用3个小时的黄金节目时间，以便让其他节目播出。1971年，FCC限制广播电视网的节目发行权，禁止电视网介入节目发行公司，除了新闻节目和时事节目之外，禁止电视网全部地或部分地拥有节目版权。商业电视网的垄断地位被打破了。70年代关于有线电视的一系列法案，也都源于社会和公众对美国商业广播电视媒介的不满以及对其节目和广告日益强烈的批评。商业电视的弊端在不断地被纠正。

三、建立公共广播电视体系

美国电视广播的历史主要是商业媒介的历史。但是，在普遍认为纯商业化的美国广播电视体系内存在着一个不可忽视的部分，那就是公共广播电视，特别是公共电视。从广播初期便出现于高等院校的教育广播，与美国广播历史上地方性的、由听众赞助的、时办时停的许多非商营广播的重要区别在于它具有体制上的延续性。

美国全国教育广播联合会（NAEB）领导的教育广播活动从第二次世界大战前延续到战后。由于社会对商业广播的批评日益增多，1938 年 FCC 做出了一种姿态，宣布将商业广播者不感兴趣、位于调频（FM）频率的特殊广播执照颁发给非商业性的教育电台。NAEB 的院外游说之所以能够成功，是因为占据了技术成熟的调幅（AM）广播频段的商业广播者对尚未开发的调频频段毫无兴趣——使用这些频率，听众需要买新的收音机。况且，在那个时候，商业广播者的注意力被更有前景的电视媒介所吸引并为此投入了大量的资金。

保留频道的措施给教育广播带来了战后的第二次发展。当时电视正是上升的新星和受众的新宠，而大多数对电视感兴趣的教育广播电台，却因为经费问题无法申请电视经营执照。此时，福特基金会伸出援手，向它们提供了必要的财源。1952 年，福特基金会成立了全国教育电视和广播中心，以推进教育广播电视节目。不过，虽然名称上有“广播”的字样，该中心的操作却几乎完全是以教育电视为目标的。

(一) 福特基金会与公共广播电视

1951 年，当福特基金会介入公共电视领域时，空中没有非商业电视的播出。福特基金会不希望非商业广播失去 AM 频段的历史重演，为此它在各个方面开展了卓越的斗争。

首先，福特基金会资助了一系列针对电视与学校教育关系的研究。这些研究后来导向儿童电视制作公司的诞生和《芝麻街》的开发。其次，在FCC解除对电视的“冻结”政策时，福特基金会游说FCC通过了一项有利于教育电视的政策。此外，福特基金会资助了一些教育电视台的成立，促成了全国教育电视台(NET)的诞生。

《1934年通讯法案》听证会上公共广播的失败是因为缺少策略计划和政治实力，吸取了历史教训，在准备1950年末1951年初FCC关于电视政策的听证会时，教育广播电视界聘请了一位有力的法律顾问——泰勒。泰勒原是FCC的一位主要顾问，他为这个案子极为仔细地组织了各个方面的发言。

在听证时，见证人提供了教育广播者的历史经验，各州大学联合会的代表敦促FCC根据为公立院校提供土地的法律先例，为公共和非商业的用途保留电视频道。见证人还列举文件证明，商业广播电台1934年向FCC保证，它们的电台将承担教育节目的播出，但它们背弃了承诺。一项研究证明，商业电视在信息、教育和文化节目方面多有不足。相互配合的七十多名各界证人的发言加上六十多件物证，使代表商业利益的全国广播业者联合会、NBC和CBS陷入了极大的被动，舆论将它们完全压倒了。

福特基金会发起和资助的狂风暴雨般的非商业电视运动得到回报。1952年，FCC发布《第六号命令和报告》结束了长达四年之久的电视执照冻结政策，为电视的发展建立了规范。在这个命令中，FCC为非商用电视保留了242个频道——在VHF有80个，在UHF有162个。这一举措预示着美国非商业电视的诞生，标志着它们在电视领域获得了发展机会。

(二) 卡内基基金会与公共广播电视

另一个以纽约为基地、在教育和广播政策制定方面颇具影响的私人基金会是卡内基基金会。1965年，卡内基基金会建立了卡内基教育电视委员会。1967 年，这个委员会的报告《公共电视：行动纲领》将福特基金会支持的教育电视的含义推广为“公共电视”的意义，公共电视流行起来。

卡内基基金会的创始人卡内基认为，需要第三种力量去协调大众民主与工业资本之间存在的分裂。他劝告那些主要是从自由经济制度中获得利益的人们以慈善行为去减轻社会的不平等，他认为改良社会的高尚工作应该由一系列非营利性的机构，如图书馆、博物馆、教育机构和慈善团体承担起来。这样的机构有助于保持社会组织的健全，使国家免于两方面的罪恶——来自下层的无秩序大众运动与来自上层的国家官僚控制。

卡内基委员会发表的报告为美国的公共电视立法和建立公共电视体系绘出了蓝图。报告建议说，电视作为公共启蒙和社会教化的工具，具有许多潜在的功能：一是超越传统教育电视的范围，弥补美国教育制度的不足；二是在更普遍的意义上用公共事务节目帮助美国人了解他们生活的时代，使他们成为更好的世界公民；三是有助于戏剧、音乐、电影和其他艺术形式的试验，使先锋派的美国艺术家获得承认，得到支持，而不是被埋没。公共电视的远大目标被确定为加强一个“以开放和多元为骄傲”的社会。它将成为“未被听到的声音”的讲坛，成为“辩论和争论”的讲坛，成为“多样化美国的清楚体现”。

（三）建立公共体系

借助电视成功当选的美国总统肯尼迪十分了解电视的重要性，从而担当起推广教育电视的媒介改革任务。在肯尼迪时代，大多数美国人开始以电视取代报纸作为新闻来源，商业广播网的电视新闻从 15 分钟增加到 30 分钟，电视开始直播总统记者招待会。那一时代的许多重大事件，从总统就职演说到总统的葬礼，都将电视与公众的意识紧密连接在一起。

肯尼迪任命的 FCC 的新主席米诺批评商业电视为“巨大的

荒地”。在60年代早期，当商业电视因竞赛作弊丑闻而狼狈不堪时，报纸对非商业电视的报道都是赞扬性的。

60年代下半叶，卡内基教育电视委员会开始介入公共广播电视领域。尽管卡内基电视委员会名义上是独立的，但它其实是由白宫控制的，是它影响了非商业电视从教育电视向公共电视的转变。卡内基委员会利用的是法律战场。新提出的《1967年公共广播电视法案》有两个特点，一个是资助机制，一个是组织方式。关于新的经费来源，卡内基委员会曾建议从电视机税收中拨款2%作为资助，以确保新体系对政府的独立性。但是，国会否定了这个建议，而采用了国会直接拨款的方式。这导致后来的公共广播电视在经济上依赖于政府。关于组织结构，它建议在法案基础上建立一个公共广播电视体系，其人员的组成应代表不同的文化、专业和地区，又规定其15名成员在国会提议和同意后，要由总统任命。

1967年11月，约翰逊总统签署了《公共广播电视法案》。在法案的基础上，诞生了一个非政府机构、非营利性的、为公共广播和电视支付资金的实体——公共广播公司（CPB）。公共广播公司被设计为公共广播电视与政府之间的政治绝缘体，以免公共广播因接受政府资助而受到控制。立法规定15人的CPB委员会由总统提名，参议院批准，政治上应该平衡。法律禁止公共广播公司制作和发行节目，以及经营互联体系，而是建立了分离的节目机构——全国公共广播网（NPR）和公共电视网（PBS）作为整个体系的分中心。在一个叠床架屋的体系中，官僚化、低效率和管理的混乱自不可免，同时公共广播公司在国会拨款、总统任命和它自身的内部纷争中举步维艰。

尽管这个新体系的运作还有许多问题，《1967年公共广播电视法案》仍是一个伟大的里程碑。美国公共广播电视第一次成为全国性的网络。公共广播电视网被看成是非营利的、非政府的机构，这种规定为美国广播电视体制补充了新的部分，为多元化和不同意见打开了大门。

美国公共广播电视提供了许多不考虑商业利益的社会教育节目，报道了大量严肃性新闻，体现了在文化结构和社会思潮变迁中的各种冲突力量。然而，近年来美国公共广播电视日趋困境。由于政府的种种限制和资助日益减少，在整个美国传媒产业日趋市场化和商业化的竞争中，公共广播电视资金匮乏，举步维艰；同时来自政府和思想界保守派的攻击也给它造成了创伤。保守派认为它内容不公正、不平衡，更有激进者在公众场合要求联邦政府取消公共广播电视制度，完全商业化。

在商业化大背景下，面对挑战和困难，如何争取更大的生存空间，完成“向观众提供可选择的、反映美国社会公共领域的、多样性的节目”的使命，确实是摆在美国 PBS 面前的一大难题。

第二节　公共服务制与英国的广播电视体制

公共服务制的广播电视体制，也称西欧模式，它以英国为典型代表，是一种介于完全的商业化和完全政府控制之间的模式。

在这种体制下，广播电视系统按公用事业进行组织，建立自治而由社会负责的广播机构主管，该机构在为其规定了法令、章程和规则的政府或国会的统一领导下独立经营业务。英国的公共服务制的模式在世界上最有影响，以英国 BBC 为代表的公共服务制模式对许多国家广播电视事业的建立都产生过深刻的影响，大多数西欧国家、北美的加拿大以及亚洲的日本都建立了与英国大同小异的广播电视体制。

一、英国广播电视体制的历史沿革

1922年12月15日，经过邮政大臣的特许及授权，六家英国大的电器制造商及数家小家用电器公司联合组建了英国广播公司（British Broadcasting Company，BBC），并开始广播服务。BBC的广播是独家经营的。早期的BBC以电器公司出售收音机和其他电器产品的收入支持广播节目，并收取收音机执照费（即收听许可费）以弥补支出。按照规定，BBC不得播出广告，但可以播出厂商赞助的节目。广播电台虽不以营利为目标，但广播节目促进了收音机的销售，刺激了生产，从而保证了利润。电器公司独占市场的利润很高。

然而，广播是由业余无线电爱好者的试验活动发展起来的。久而久之，公众对私人商业独占广播利润的体制和行为日益不满。于是，1923年4月政府成立了希可斯委员会，以检查商营BBC的合理性。

（一）公共广播体制的确立

希可斯委员会认为，电波频率是公共资源，不管授权给任何人使用，在授权时均应慎重考虑公共利益。广播这种对民意、对公众生活具有极大潜在影响力的媒介，不应毫无节制地任由商业利益团体独占，而应由国家授权的公益团体经营。这种公益团体就是公团性质的公司（corporation）。这种公司与商业性的公司（company）在性质上是完全不同的：一个是公营，一个是私营；一个是非营利性的，一个以营利为目标。1925年7月，另一个研究广播政策的委员会——克劳佛德委员会成立了。这个委员会进一步建议，不要成立由国家经营的广播系统，而应由议会立法，组建一家公共广播公司，为全民的利益制作和播出广播节目。此外，这一公共广播公司对新闻、时事节目的内容应有独立自主权。英国政府基本接受了克劳佛德委员会的建议。

1926年12月31日，商营的BBC改组成为公营的BBC (British Broadcasting Corporation)。根据议会通过、国王批准的第一个皇家特许状，公营BBC于1927年开始广播。此时，英国广播的体制是公营独占的。

英国广播体制延续到了新生的电视事业。1934年5月，英国成立了第一个电视委员会——塞尔斯顿委员会，对电视媒介和电视事业的发展进行评估。塞尔斯顿委员会支持发展电视事业的决策，并提议由BBC依照经营公共广播的思想和方式负责第一个电视频道的经营管理。1935年4月成立的华兹沃特委员会是为了评估BBC第一个十年的表现以决定是否继续授予它独占经营广播事业特权而成立的，该委员会对BBC不偏不倚的立场和兼容并包的原则表示赞赏，因而附和了塞尔斯顿委员会的建议，也主张由BBC开办第一个电视频道。据此，BBC获准于1936年11月开办电视，并于1937年获得第二个十年的广播电视特许状。BBC还于1932年12月开始经营英国对外广播。

在第二次世界大战中，BBC的国际广播表现出色，声誉日隆。因此，1943年9月成立的汉基委员会在探讨战后恢复电视广播的计划时指出，应责成BBC立即发展电视，并普及全国。1945年10月，英国工党政府接受了委员会的建议。1946年6月，BBC恢复电视播出，并逐步建立起电视网。

但是，BBC对电视的独占却不像广播那样受欢迎。电视开办之初，缺乏经验的BBC照搬广播的经验，仍以训导和教育为主。这种生硬呆板的广播方式引起电视工作者对“外行”做法和“门外汉”们的不满。战后，国际交往日益密切，生动活泼的美国商业性节目使BBC的节目相形见绌，同时激发了英国电视工作者的想像力和创造力。上下两院的一些议员特别是保守党的议员批评BBC的独占制缺少竞争。在体制问题上，美国的经验也受到重视，议员们呼吁开放商业电视。一时间关于开放商业电视与否的问题成为社会争议的焦点。

根据盖洛普公司的民意调查结果，多数英国人赞成声音广播事业仍由 BBC 独占，但在电视问题上支持商业经营的人却占优势。据分析，保守党上层、工商界人士及劳工阶级赞成商业电视，虽然他们各自的出发点和意图有所不同：保守党认为 BBC 倾向于工党，是不利于保守党的政治力量；工商界人士希望利用商业媒介推销产品，扩大市场；而劳工阶级则认为，BBC 的节目过于严肃，希望有更多的娱乐消遣。反对商业电视的主要是工党上层人士及知识分子，因为工党倾向社会主义，主张传播媒介的集中制和公有制；而知识分子则认为商业电视浅薄无聊，耸人听闻，毫无文化意义。在工党政府统治下，1949 年 6 月，贝佛里奇委员会成立。该委员会审议了 BBC 的独占政策，讨论是否开放商业电视的问题，结果认为商业电视将促成恶性竞争，降低节目水平，故不宜让信奉“利润第一”、“金钱至上”准则的商业团体来经营电视广播。但该委员会也指出，BBC 应赋予电视部门更多的责任和独立性，使其发挥电视媒介的特性。于是，工党政府于 1951 年 7 月宣布，由 BBC 独占经营的模式是最佳的方式，这个行业将维持现状。然而同年，工党在大选中败北，保守党上台，广播政策为之改变。

(二) 双重广播电视体制的开始

在主张开放商业电视的保守党的支持下，1954 年 8 月，《独立电视法案》获得通过。该法案规定，成立一个与 BBC 性质相近的公共机构——独立电视局（ITA），管理商业电视广播。ITA 的各个委员均由邮政大臣任命，任期五年。法律规定 ITA 负责监督独立电视台的业务，还强调对广告播出时机、数量和内容均应有严格的规定，节目应与广告明显分开，不得以广告影响节目内容。

经过一年的筹办，1955 年 9 月“联合电视”和“联合播映”

两家独立电视公司（ITV）首先在伦敦开播。随后，一批商业电视机构纷纷建立，并在联播的基础上逐渐形成独立电视网。从此，英国开始了商业电视历史的篇章，同时开始出现公商并营的电视体制。应该特别强调的是，英国的商业广播电视和公商并营体制开始于电视，后来才影响到广播。

ITV一成立，立刻夺走了BBC的大部分观众。尽管在游说建立商业电视的活动中，院外团体一再宣称它们所主张的商业电视决不是美国式的低俗节目，但竞争使得商业电视节目水平不断下降。英国商业电视所采用的法宝也不外乎滥用娱乐节目一招。此外，独占经营广告的商业电视利润极为丰厚。世界报业大王汤姆森曾坦然直言，拥有一张电视执照就等于拥有一架自己印刷钞票的机器。汤姆森本人之所以能买下《泰晤士报》等历史悠久的英国大报并创立报业集团，与他早期经营苏格兰电视公司从而财源茂盛关系很大。1964年以前，各个ITV只需向当局缴纳少量的电视设备使用租金便可以通过商业电视捞取大笔的资财。在社会舆论的批评声中，1960年7月，议会任命皮尔金顿委员会调查、评估商业电视的影响，并研究下一步的电视政策。皮尔金顿委员会批评了商业电视，建议由BBC尽快开办英国第三个电视频道，以平衡过于倾斜的商业体制。为了加强BBC电视的竞争力，皮尔金顿委员会还建议批准BBC率先采用彩色电视制式以吸引观众。

议会基本采纳了皮尔金顿委员会的建议，1963年，英国议会通过了经修改的电视法案，开始向独立电视台征税，并授权BBC开办另一个全国电视频道。1964年4月BBC—2电视网开播，1967年7月，BBC—2首先播出彩色电视节目。

保守党政府于1971年宣布开放商业广播，第二年，ITA改名独立广播电视局（IBA），着手审批商业性和地方性的独立广播电台。1973年，议会通过《独立广播电视局法案》，当年10

月，两家独立地方广播电台开播。从此，英国不仅有商业电视，也有了商业广播。“公商并营”的体制规模确定下来。

并营的体制导致人们对平衡的期望，公共广播电视与商营广播电视似乎应该平分秋色。于是，从70年代开始，英国各界掀起了对“是否开放第四频道”的辩论。商业电视的支持者开展了大力的院外活动，有关各方也纷纷表示自己的见解。但是，经过反复的讨论，长期的拖延，还经过耶南委员会将近三年的调查，召集了44次会议，审核了1500份提案，提交一册厚达522页的报告，第四频道的开播才有了眉目。1980年11月，议会通过《广播电视法案》，第四频道（C4）成立。两年后，1982年11月，C4开播。

随着观众看电视习惯的改变，到了80年代，白天也有了越来越多的观众。1983年2月，属于“独立”系统的晨间电视公司（TV—am）获准利用ITV早晨的时间播出三个多小时的《早安英国》节目，并获得成功。而BBC在此之前也获准播出《早餐时间》节目。于是，两大系统再一次取得平衡。公商并营、旗鼓相当的传播新格局完全形成。

英国公商两种电视体制的竞争以及政府在其间的协调与制衡，使英国电视沿着一条稳健的道路有条不紊地发展。

二、英国电视事业的体系结构及特点

英国广播电视体制是按两大系统——BBC和ITV（IBA）分别组织的。

（一）BBC的组织方法和经费来源

根据皇家特许状的规定，BBC的组织结构主要由理事会、总经理及管理委员会、咨询委员会三方面组成。

BBC的理事会由12名成员组成，理事由首相提名，由英国国王（或女王）任命，然后从中选出主席、副主席各一名。理事的来源除三名必须来自苏格兰、威尔士和北爱尔兰地区外，其他则选自教育、财经、外交、法律、军事等社会各界。理事会由社会贤达组成，地位最高，但不负实际责任。它的主要职能是为政府对 BBC 的政策提供建议，选派总经理，并定期会商大政方针，拟定政策等。

BBC 的总经理及管理委员会负责日常行政工作的处理，是施政机构和实际的权力中心。总经理下辖 12 个行政部门管理日常事务和实际工作。其人选大多由行业内部资深的专业人员担任。管理委员会行政权力最大，特别是总经理在决策和施政方面往往发挥着主导作用。

根据皇家特许状的规定，BBC 在不同层次、不同地区还就不同问题分头设立了多个咨询委员会，这些咨询委员会有些代表一般公众、各类团体，有些代表专家学者。从总体上看咨询委员会代表最广泛的社会群体，它们的作用相当于舆论监督机构。

1946 年，BBC 开始收取电视机执照费，每户每年缴纳 2 英镑。收音机的执照费于 1971 年停收，实际上是取消了。BBC 的财政收入主要来自电视接收费。接收费的征收标准由议会决定，若干年进行一次调整。BBC 还通过发行印刷品、音像制品，获得经营性收入，并通过外销广播电视节获得可观利润。BBC 的国际广播费用来自政府资金。此外 BBC 也通过大学制作教学节目得到大量收入。

BBC 的节目大部分是自制的，它的节目制作能力很强。BBC 以伦敦为主要节目制作中心，此外还有苏格兰、威尔士、北爱尔兰和英格兰其他城市的电视制作中心。BBC 的节目从早晨直至午夜，中间不播广告，也有许多根据古典名著和现代畅销书改编而成的电视剧，时事新闻与评论分开，态度比较客观。自 1959 年开始，电视开始用于竞选。

（二）IBA的组织结构和运行机制

商营性的ITV系统由ITA（IBA）管理。IBA也像公共广播电视那样机构繁复。

IBA的管理委员会由邮政大臣（从1974年起改为内政大臣）任命12人组成。管理委员会聘请一名总经理，下设节目、广告、工程、财务等部门，具体执行管理职能。管理委员会的主要职责是定期选聘节目承包公司，监督和指导商业广播、商业电视的政策和节目，管理商业广告，维护发射机器和播放节目。IBA还要管理直属的C4。

IBA与各节目公司共同组成常设委员会，定期集会，研究政策和联播事宜。IBA也设置与BBC相似的咨询委员会，有七百多名委员。

IBA本身不制作节目。它除了负责播出节目之外，还有审查和监督节目的责任。IBA也是公共公司，它的性质与BBC大同小异。IBA这种结构方式既给予商业广播电视一定的竞争空间，又可以随时对商业性加以控制和约束，因而与美国自由化的纯商业体制有所不同。

各个被选聘的ITV或独立广播公司则是商业性的节目制作和提供公司。ITV的收入和利润主要来自广告。15家ITV除了提供全国联播和区域联播的节目之外，还共同拥有独立新闻公司(ITN)，并通过ITN向各电视台提供新闻节目、国外进口节目和购自独立制片人及制片公司的节目。广告占节目时间的10%左右。电视节目主要有戏剧、电影、艺术表演、新闻、时事、纪录片、体育、科学和儿童等种类，并且也播出教学节目，包括学校教学、幼儿教育和成人教育节目。收视率很低的C4的节目则以严肃的政治性问题和多元化的文化观点为主，每晚有长达一两小时的新闻节目，经常报道妇女解放、少数族群的权利等消息。它还注重扶植民族文化和本国独立制片人的创作，经常播出非大众化的影视节目。

三、英国广播电视体制的历史经验

BBC的第一任总经理瑞斯认为广播应服务于公共利益，不应播广告；广播电视虽以大众为对象，但也不应忽略对少数高层次知识分子的服务；广播电视的水平应高于一般社会水平，才能不断提高社会的教育文化水平。这些信条不仅长期支配着英国广播电视的节目政策，而且在世界传播事业历史上享有盛誉。BBC认为，它的节目旨在建立一座以广大社会思想为结构的文化金字塔，以三种不同水平而内容大体相同的节目为骨干，彼此相互牵引，年复一年地引导群众，提高他们的鉴别能力。每一种节目均在前面引路，但总以不失去受众兴趣为标准，利用受众的爱好和兴趣引导他们走向更深更美的境界。这样，随着教育和文化水平的提高，BBC的文化金字塔也就一天天地增高了。这种多少有点理想主义的见解反映了英国公共广播电视对社会文化责任的不懈追求。

然而，电视是一种以娱乐为主的媒介，是一种各国之间相互模仿、相互“传染”的事业。由于独占经营带来的节目缺少竞争、观众缺少选择的不足，由于过多说教带来的单调呆板的弊端，使BBC的电视逐渐失去吸引力，终于导致商业电视的出现。

以公共机构IBA为主导的英国商业广播电视事业不是一种漫无节制、惟利是图的体制，而是受到许多制约和监督的传播商业活动。它不可避免地带有商业电视追求收视率、追求广告、追求娱乐性的缺点，但在英国，由于工党和保守党政府不同的政策之间的相互制约，由于政府采取了“抽多补少”、“抽肥补瘦”的维持平衡及适当倾斜的政策，大体维护了两类媒介的公平竞争和各种传播活动的平衡发展。因此，有些人称英国广播电视体制是世界上“缺点最少”的体制。

但是，在传播全球化的今天，在媒介市场化、商业化和私有化的世界性潮流中，英国的并营体制似乎无力抵制美国式的私营商业体制的侵袭。从80年代开始，随着有线电视、卫星电视的崛起，特别是境外电视的冲击，英国的广播电视体制及政策也开始发生了较大的变化。

英国的广播电视体制在世界上成为许多国家仿效的榜样。作为电视开发最早、影响很大的国家，作为历史上一种典型的广播电视体制，英国电视事业代表着一批采取相似体制和政策的国家，例如加拿大、日本、澳大利亚等。

第三节　公有国营的电视体制与法国的电视制度

由政府控制的公有国营的广播电视体制一般有三种情况：一种是社会主义的国有模式，因为社会主义的政府代表人民利益，所以广播电视掌握在国家政府手中，成为政党和人民的喉舌和宣传工具；一种是第三世界国家，如老挝、斯里兰卡等，它们都在20世纪初从殖民统治下取得独立，当时国内的经济、政治和社会民族问题亟待解决，政局的稳定成为一切的前提，执政者自然将广播电视作为宣传工具而牢牢把持在手中；第三种是一些西方国家，如法国、意大利、希腊等，这些国家从它们自己独特的文化和政治理念出发，采用广播电视以国有为主的模式，国家拥有并控制该系统，由国家主管部门分工负责或经营。这一类国家比较典型的有法国。

法国开办广播电视起步比较早。1921年法国着手筹办广播电台，1935年就开始了电视广播的实验。历史上，法国的广播电视事业一直是以国家机构独家经营为主。1923年，通过立法的形式，法国政府明确规定广播事业由国家垄断。二战以后直到

1984年，法国法律始终规定广播电视事业由国家经营，侵犯国家垄断的广播权必须受到处罚。1986年《传播自由法》生效，法国电视一台转为私人经营，正式打破了长期国家垄断的格局。法国的海外省和海外领地自1991年也开始开办商业电视。不只法国无线广播电视事业一开始就由政府直接控制，法国的有线电视在80年代中期开办时也由政府主办，以后才渐有民间参与。

法国的广播电视体制和它的经济制度一样，在西欧主要资本主义国家中是比较独特的。法国经济制度在理论上与“社会主义理论”有一定渊源关系，这种思想同样指导着广播电视体系的建构。当然，在国际、国内广播电视竞争日益激烈的状态下，这种模式受到的冲击和挑战最大。

政府控制的国有模式从理论上讲，有它的长处，主要表现在：

1. 可以在国家计划下依靠国家和政府的力量，有组织、有计划地促进广播电视事业的整体发展。

2. 节目安排可以从单纯追求收视率的压力下解放出来，以满足社会公众的不同需要。

3. 有利于政府和国家需要的重大宣传和动员。

当然它的不足也是显而易见的：

1. 缺乏竞争动力。在节目内容和形式上的改进迟滞，不利于满足受众需求的增长和变化。

2. 国有机构偏向于向上级负责制，不易于发挥从业人员的积极性和创造性。

3. 容易和其他政府机构一样出现机构臃肿、人员冗多的局面。

现在，许多国有广播电视机构都注意到了上述问题而积极进行改革。

在法国，由于它独特的国家政治、文化环境对广播电视难免产生影响，使之呈现出特有的面貌：

严格的文化保护措施——

历届法国政府都不遗余力地执行民族文化的保护政策，相应地对媒介实行种种限制，试图维护法国的“精英政治”和“国家文化”，最突出的做法就是将国际事务与语言特征联系起来，极力捍卫法语的纯正和它在世界范围内的地位。法国对广播电视节目的制作、外国节目的配额和播映都有严格规定，以抵制英、美文化尤其是美国文化的入侵。

对商业化的犹豫态度——

法国政府一直将广播电视视为政治工具，自然不可能完全放松对电子媒介的控制。然而，直属国家的法国广播电视公司及其领导下的境内所有电视台内容单调，缺乏生机，迫使法国政府不得不对广播电视体制进行改革。这种矛盾冲突之下，法国的广播政策一直有着相互矛盾的一面。

1923 年，广播法规定了广播为国家专有，而事实上除邮电部直接控制的公营广播网以外，法国还存在 12 家私营公司。二战后，国家取消和接收了私营台，强化国家对广播电视事业的垄断，但又默许私营商业台从境外向国内的广播。80 年代以后，在商业利益的驱动之下，法国根据 1986 年传播法对国有垄断广播电视业进行改革，产生了商业台，但又由于限制较多，使之不易完全受市场导向。反而是那些在法国境外播出、覆盖了法国大部分地区又由法国政府“间接买下”的一些电台、电视台，如欧洲一台、卢森堡广播电视台等，真正体现了商业化气息。

复习与思考

一、从私营商业制、公共服务制两种不同的电视制度出发，比较美英两国在电视经营模式上的不同之处。

二、分析在市场化、全球化的进程中我国电视制度的发展趋向。

本书附录一

世界主要电视机构介绍

ABC——**美国广播公司** American Broadcasting Company，简称ABC，美国三大商业广播电视公司之一，经费来自广告收入。1941年春，联邦通信委员会决定，全国广播公司不得同时拥有红色广播网和蓝色广播网。1943年10月，爱德华·诺布尔以800万元买下蓝色广播网（拥有116座附属广播电台），1945年6月15日正式使用美国广播公司的名称。1953年2月被联合派拉蒙剧院公司（United Paramount Theaters）以2,500万美元买下，组成美国广播—派拉蒙剧院公司，1965年4月，改称美国广播公司。1985年3月，大都会通信公司以35亿美元收购，公司改为大都市美国广播公司，但一般仍用原名。

1948年4月19日，播出第一个电视节目《在角落里》。1954年，取得“迪斯尼乐园”和“米老鼠俱乐部”的播出权，一举成功，成为公司发展的转折点。1955年由于播放一系列西部片赢利，附属台进一步增加。1959年取得全美足球大赛、棒球大赛、拳击大赛等多项体育比赛的报道权。1961年推出“体育的疯狂世界”和“美国体育”节目，以体育报道与另两家电视网展开竞争。1966年以NTSC制式播出彩色电视节目。1977年初播出 12 小时的电视剧《根》，创美国电视史上最高收视率。节目以新闻和娱乐性节目为主。70 年代后期，收视率连续几年占三大广播公司的首位。公司总部在纽约，经营 8 座电视台，分别在纽约、芝加哥、底特律、洛杉矶、休斯顿、费城、弗雷斯诺和旧金山，并有 220 座附属电视台。公司还经营调幅和调频广播电台，并有多座附属广播电台。1995 年，该公司被美国迪斯尼公司收购。1996 年，该公司的电视收视率和广播收听率均排列第四位。

CBS——**哥伦比亚广播公司** Columbia Broadcasting System 简称 CBS，美国三大商业广播电视公司之一，经费来自广告收入。1927 年 2 月 18 日创办，原为 16 家广播电台组成的独立广播电台联盟（United Independent Broadcasters, Inc.），后与哥伦比亚唱机唱片公司（Columbia Phonograph and Records Company）联合组成哥伦比亚唱机广播公司（Columbia Phonograph Broadcasting System），于 9 月 18 日通过 16 家附属广播电台向全国广播，成为第二个全国性广播网，不久之后改用现名。

1931 年 7 月 21 日在纽约开始试播电视，1933 年 10 月 29 日正式播出，1965 年以 NTSC 制式播出彩色电视。节目以新闻和娱乐性节目为主，收视率长时期占三大广播公司首位。公司总部设在纽约，在纽约、芝加哥、洛杉矶、费城、圣路易斯等城市拥有 7 家直属电视台，并在全国有附属电视台 200 座。公司还经营调频广播电台，并有多座附属广播电台。1995 年，该公司被美国西屋电气公司以 54 亿美元买下。1996 年公司电视收视率占全美家庭 31.53%，排名第一位。广播收听率也排在各广播机构的首位。

CPB——**公共广播公司** Corporation for Public Broadcasting 简称 CPB，美国根据 1967 年公共广播法案成立的非营利性的广播电视机构。它不是政府机构，其主要任务是：扶植公共广播事业的发展，分配联邦政府的拨款，向社会各界争取捐助，支付全国性节目的制作费，组织各台之间的联系，实施研究和培训计划，建立影像资料馆。公司理事会由15人组成，理事在参议院提名和认可后由总统任命，任何一党的理事不得超过8人。理事任期为6年，每2年更换其中5名。理事会选举理事长和副理事长，任命总经理。总经理负责公司的日常业务工作。

1969年公共广播公司设立“公共电视网”（Public Broad－casting Service 简称 PBS），负责管理通过卫星向全国公共电视台传送节目，也负责公共电视台之间业务联系。1971年，公共广播公司成立了负责全国公共广播电台之间业务联系的机构“全国公共广播网”（National Public Radio 简称 NPR）。至1995年，美国公共电视网有成员台314座，全国公共广播网有成员台约260余座。

美国的公共广播起源于教育台。第一座教育广播电台是1919年威斯康辛大学开办的WHA广播电台，第一座教育电视台是1953年5月休斯敦大学开办的KUHT电视台。根据1967年公共广播法案，教育台或非商业台统称公共台。公共电视台按所有权一般分为4类：1. 州或市政府、国家教育部门经办，2. 大学经办，3. 城市教育部门及管理中、小学的机构经办；4. 非营利性的公共团体经办，经费来源于联邦政府及经办部门的拨款和基金会的捐款。

NBC——**全国广播公司**　National Broadcasting Company 简称NBC，美国三大商业广播电视公司之一，原为美国无线电公司（RCA）子公司。经费来自广告收入。1926年11月15日从纽约通过25家附属广播电台向全国广播，成为美国第一个全国性广播网。1927年1月1日，蓝色广播网的6座广播电台开始播音，原有的25座广播电台组成红色广播网。1928年7月20日始建立实验电视台，1931年10月30日试播。1939年4月30

日，以转播罗斯福总统在纽约世界博览会开幕式上的讲话开始正式播出，在美国电视史上第一次播出拳击比赛、棒球比赛、时装表演、电影、音乐剧等。1941 年 2 月 20 日首次试验彩色电视。1943 年 10 月 14 日，根据联邦通信委员会的决定，将蓝色广播网（116 座广播电台）售出。1954 年以 NTSC 制式播出彩色电视节目，成为全国第一个全部播出彩色电视节目的电视网。节目以新闻和娱乐性节目为主。公司总部设在纽约。现在纽约、洛杉矶、芝加哥、华盛顿、克利夫兰、丹佛和迈阿密 7 座城市设有直属电视台，并在全国有附属电视台 208 座。1996 年，该公司电视收视率占全美家庭的 24．65%，排名第三位。

FBC——**福克斯广播公司**　Fox Broadcasting Corporation 简称 FBC，1986 年 10 月在美国新创办的商业电视网。1987 年 4 月开始播出广播网联播节目。公司由原澳大利亚籍的报业家鲁珀特·默多克在 1986 年购得的 6 座电视台组成，并且联合 105 家独立电视台形成广播网。默多克在澳大利亚和美英等国拥有 80 多家杂志、报纸和电视台。通过卫星对欧洲广播的“空中电视台”也是默多克创办的。1997 年有直属电视台 22 座，附属电视台 176 座，覆盖全国 95% 以上的人口。节目早先以电影和娱乐节目为主，1990 年开始经营新闻性节目，并向有线电视业发展。现已开办了福克斯新闻频道（Fox News），通过有线系统播出。

CNN——**有线电视新闻网**　有线电视新闻网是最能体现当前电视即时化、全球化传播特点的频道。它今天已能够通过一个覆盖全球的卫星网达到世界的任何地区。1995 年，有线新闻网覆盖 120 多个国家，并向遍及世界各地的 1000 多家旅馆提供节目，进入世界各国的 7000 多万个家庭。然而将它推上全球新闻系统领先位置的是它对前苏联的流产政变以及海湾战争等重大事件的报道。

为达到向国际受众及时提供新闻的目的，有线新闻网采取了

24小时不间断地重复部分新闻内容的做法，这样世界各地的电视观众随时都能对当天的要闻及时地了解。这正是有线新闻网国际频道的特色所在。它把有线新闻网的国际节目和重要的电视新闻结合在一起，使内容更加丰富。“要闻”是特纳新闻帝国的另一个全天候新闻频道，它的做法是每半小时把每天发生的重大新闻事件摘要重播一次。作为有线新闻网和“要闻”台的母公司，特纳广播公司麾下还拥有特纳有线电视网和特纳超级电视台两个广播电视网。

最近几年，该集团一直在通过向全球输出它的各种运营模式来实施它的多元化战略。1997年，有线新闻网根据地区化原则调整了它的新闻节目编排方针，分别制定了北美、南美、亚洲和欧洲的新闻编播计划。这种调整的原则是使节目内容更适应不同地区的特定需要。

BBC——**英国广播公司**　英国广播公司被看作是全世界广播的典范。自1927年该公司创立以来，尽管英国视听服务有很大发展，英国广播公司一直保持着很高的收听率。听众对BBC的忠实可归之于它为各阶层广大听众所提供的高质量服务，也由于它高水平的节目主持人，他们被认为是一个“深孚众望、才华横溢的完美的群体”。BBC的信誉来自它的新闻报道。它一直遵循准确与公正的准则并在国际上成为准确与公正准则的代名词。英国广播公司世界台（BBC—WORLD）是英国广播公司集团的子公司，是美国有线新闻网的一个强有力的竞争对手。它的节目几乎覆盖了五大洲。它每天24小时不间断地播出新闻节目。英国广播公司世界台不收取用户特许权使用费，也不接受国家的补贴，完全靠商业收入来支持自己的运营费用。英国广播公司世界台除24小时不间断地在每个时段播出新闻节目外，还播出英国广播公司制作的新闻杂志节目和纪实节目。最近几年，它通过与一些像南非付费有线电视网（M—Net）等地方或区域性的广播电视网以及日本和美国的一些广播电视台签署合作协议，扩大了自己的受众覆盖率。

NHK——日本广播协会 日本广播协会（NHK）是日本公共广播电视系统的核心和主体。它是根据1950年制定的广播法创立的。它的广播以公共福利为目的，以表现自由和不偏不倚、非党派性为原则。NHK的主要任务是通过覆盖全国的广播电视网有效地向全国各地播出丰富的高质量的节目，同时还负责推动和不断完善与广播电视业务有关的各项事业的发展。日本广播协会除经营国内广播，还全面负责和实施日本对外广播业务。

经营委员会是日本广播协会的最高决策机构，对有关经营战略方针以及各项广播业务运转的重大事项进行决策。除经营委员会委员外，日本广播协会还设置由会长、副会长、专务理事、理事组成的理事会，理事会作为业务执行的基本机构对经营委员会决议事项和认可事项以及会长提议的事项进行审议。日本广播协会的总部设在东京，在各道、府、县设有地区性广播机构，担负全国广播节目、地方广播节目的制作和播出。为保证日本广播协会广播电视节目的有效传送，在全国各地设立了为数众多的发射和转播台站。

本书附录二

世界各地电视发展状况

北美

美国

美国拥有2.8亿台电视机，72.2%的家庭拥有至少两台电视机，每个成人平均每天至少看4个小时的电视节目。美国的视听系统是在竞争原则的指导下、在自由企业的基础上策划和组织起来的。

在美国，视听组织是由负责管理传播的政府机构——联邦通信委员会（FCC）管理的。它的工作主要涉及三个领域，即反集中、订立制作节目的指导方针、管理节目内容。美国的电视系统包括：四个微波地面播放网络——美国广播公司（ABC）、全国广播公司（NBC）、哥伦比亚广播公司（CBS）和福克斯公司；公共广播系统——向300多个中继电视台播放节目；近60个有线电视网络。

电视网，美国视听网络的重要组成部分

电视网是为接收来自同一信息源节目而由卫星联系起来的电视台。美国广播公司、全国广播公司、哥伦比亚广播公司和福克斯公司这四个电视网向全美各地播放，每个电视网都拥有许多附属电视台，这些电视台播出节目的60%是由电视网提供的。

附属电视台是指与电视网签订合同的电视台。电视网提供的节目不可以超过附属电视台播放时间的60%，其余时间播放的节目则由电视台自己决定，作为播放电视网的电视节目和广告的回报，电视网要付给电视台费用。

1997年4月对主要的四家地面广播电视网进行的黄金时间收视调查表明，媒体巨人默多克拥有的福克斯电视公司落后于全国广播公司，位居第二。福克斯公司拥有176家附属电视台，对其中的22家拥有完全所有权，它的利润来源于那些不落俗套的电视剧、情景喜剧和体育赛事节目，这些节目深受年轻人的喜爱。

与电视网相比，公共服务电视是处于第二位的。公共服务电视从1952年建立时起，就一直根据《公共广播法》管理，尽管一年有10多亿美元的预算，这一系统仍面临财政紧张。公共服务电视是围绕公共广播体系建立的，有350个地方电视台。与商业电视系统不同，电视台要付给向其提供非商业节目的公共电视系统费用，而在商业电视系统里，电视台为本系统播放节目和广告是有偿的，要收取费用。公共电视系统每周播放140小时的节目，大多数节目为教育节目、古典音乐会和歌剧及科学纪录片。政府为公共电视系统提供20%的资金，其他资金来源于观众、基金会和联邦政府资助。1993年，公共电视系统有500万用户，每户每年约付费56美元。

有线电视

美国有线电视业在收入、分布、广告以及观众数量等方面都进入了一个高增长期。1992年，联邦通信委员会根据这种情况修改了关于禁止有线电视台和电信网络的交叉所有权的条款。从那时起，地区性电话公司就有权在其线路上传送有线电视节目，并可持有最多5%的电视频道的股份。1992年，美国议会通过了电子通讯法后，竞争已完全公开。有线电视经营者可以经营电话业务，而电话公司也可以经营电视业务。

有线电视在1994年获得了230亿美元的高增长，有5900万个家庭安装了有线电视。有线电视的增长，使各个电视网络在这一领域——特别是在有偿收视服务中加大了投资，如全国广播公司在付费频道上播放巴塞罗那奥运会的比赛，并创立了自己的付费频道新闻商业有线网（CNBC）。

数字化在美国

1997年3月，联邦通信委员会宣布年底前在美国启动地面数字电视，而各电视网仍可在2006年前继续以模拟形式播放节目，使美国家庭逐步获得数字电视接收器。到2006年，1600家美国电视台将把他们的模拟电视许可证交回联邦通信委员会，然后由委员会将新的许可证发放给出价最高的投标者。四个主要的电视网（美国广播公司、全国广播公司、哥伦比亚广播公司和福克斯公司）同委员会达成协议，在1999年底前向10个最大的地区播放数字电视节目。

至今，美国已广泛应用了卫星传输技术，它意识到，发展数字电视不仅能减少广播费用，还能减轻已经达到饱和状态的材料和维持费用高昂的地面传输频率的压力。

加拿大

加拿大99%以上的家庭拥有至少一台电视，加拿大人平均每周的收视时间为23小时。它是世界上有线电视安装率最高的国家之一，有94%的家庭与有线电视网相连。电视业的繁荣深受其广阔国土的影响，电视与广播一样，已迅速成为联系和显示加拿大人民族特性的工具。在组织方面，法语和英语的公共电视频道与社区和私有频道共存，通过地面、有线和卫星播放。

加拿大有十多个地面广播的电视频道，有线电视网也有十几个专题频道，另外在临近美国边境或能够接收有线电视的地区，观众可收看到美国主要电视网的电视节目，其中包括了哥伦比亚广播公司、美国广播公司、全国广播公司、有线电视新闻网、公共服务电视网。美国在加拿大占有22%的电视市场。

除两个综合频道外，从1995年起，公共服务电视建立了两个全天有线新闻频道。它经营了约20家电视台，为全国28家附属地方电视台提供节目。公共电视不收取执照费用，国家向其提供80%的资金，其余的资金来源于广告收入。

加拿大的视听产业是由一个独立的部门——加拿大广播电视和电信委员会管理的。和美国的联邦通信委员会类似，加拿大广播电视和电信委员会负责发放和更新执照，对无线电广播和电信进行监督。加拿大的电视频道不管是隶属于电视网还是独立的、是微波还是有线的、是公共还是私立的，都要接受加拿大广播电视和电信委员会的监督，受具体的条款约束。这一管理体系的另一重要特点是视听领域的经营者自愿接受关于针对儿童的节目和广告的管理规定。从1994年1月1日起，公共和私立电视频道需遵守旨在禁止屏幕上的暴力的所谓道德“自律”准则。除此之外，为保证其产业独立性，加拿大广播电视和电信委员会要求每天在公共和私立的频道上播放关于加拿大内容的节目要占一定的比例。

西欧

总趋势

战后欧洲电视的发展经历了三个阶段：完全由许可证费用支持的政府专营阶段，主要由许可证费用和广告收入支持的政府专营阶段以及直接由消费者的用户费或服务费支持的阶段。在过去的几年中，欧洲视听市场保持了可持续的增长，每年增长10%。

这一增长速度足以支持 1995 年建立的 85 个电视频道，同时把欧洲的市场扩展到近 300 家电视机构的规模。电视频道的发展得益于欧洲卫星发射能力的发展，1995 年，由拥有太空卫星的欧洲卫星协会（SES）和欧洲通讯卫星的拥有者欧洲联盟提供的第一个数字卫星业务开始运营。

20 世纪 90 年代最显著的特点是通过卫星播放、依靠广告收入或节目收费来运营的私立频道的广播能力不断提高。据欧洲电视市场 90 年代中期统计，欧洲约有 383 个频道，拥有大约 7.61 亿观众，其中大多数频道都播放商业广告。同一调查还表明，观众群较分散，观众正由众多的免费节目向收费节目转移。收费电视的市场占有量的增长速度是非加密电视的一倍，其营业额增长了 23%，而非加密频道的增长率为 11%，录像市场增长了 8%，电影市场增长了 9%。据欧洲音像和电信研究所的调查，这肯定了视听消费由“免费”到“收费”这一长期的趋势。

电视节目的增多使人们有更大的选择余地，同时，人们对节目需求量也在大幅度增长，使用有线和卫星频道的用户在增多，购买公共或个人天线的家庭增多，广告收入也在增多。1995 年，能够接收到卫星和有线电视节目的家庭多达 6910 万个。同年，欧洲装有卫星接收碟形天线或共用一个公共卫星接收系统的人数估计有 1900 万，而在 1993 年仅有 1290 万。

根据 1996 年的调查，法国仅安装了 103 万个卫星电视接收碟形天线，英国卫星接收碟形天线的数量大大多于法国，有 500 万个，而在德国，有 1000 万个家庭装有碟形天线，此外，在奥地利和瑞士还有 200 万个德语区的家庭装有碟形天线。

经过一段时期的合并、联盟和重新组合，欧洲的付费电视业呈现出三大集团间的鼎立格局，英国的英国空中广播（BskyB）、德国的 DFl 和法国的电视 4 台（Canal Plus）每一集团都拥有自己的控制区域。在英国，默多克的新闻集团和英国空中广播控制市场，欧洲550万的用户赋予默多克的这一澳大利亚—美国集团特别的金融实力。1996年上半年，英国空中广播创造了4亿美元的利润，与1995年同期相比增长了66%。此外，1997年初开始的英国空中广播数字节目又进一步加强了它对付费电视的垄断，给它潜在的对手以巨大压力。

欧洲广播联盟（EBU）

1950年，欧洲各国公共广播和电视台成立了欧洲广播联盟。它自称是独立的国际机构，有23个创始成员，目前有分布在79个国家的117个成员。在欧洲政治巨变的背景下，1993年欧洲广播联盟与以前掌管东欧阵营的俄罗斯公共电视台合并。联盟的宗旨是协商重大事件的播放权，组织节目交流和促进合作制作节目。总体上说，联盟为成员国间合作提供运作、技术和法律服务。它为观众和听众的利益所进行的院外活动，特别是欧洲各国当局之间的活动，越来越受到欢迎。

在德国和德语国家有两个主要频道，一个是1996年7月由基尔希集团建立的DF1数字节目频道，另一个是由法国电视4台联合贝塔斯曼和基尔希共同拥有的收费电视黄金频道。

在卢森堡，1997年卢森堡电视传播公司与贝塔斯曼集团结盟，形成了欧洲最大的电视广播公司，它拥有37亿美元资产，在欧洲10个国家的19个频道和23个广播电台拥有股份，该集团的目标是与美国的大公司竞争。

在法国，法国电视4台集团是世界市场上的一支劲旅，1997年它拥有300多万的用户，在全球的业务增长率为每年22.8%。它在比利时、德国、波兰、西班牙和非洲都有付费电视频道，与南非NetHold集团结盟后，它在国际上实力大大增强，市场扩展到比利时、卢森堡、荷兰、意大利、波兰和北欧国家，在付费电视领域它已占主导地位，拥有950万用户。

中东欧

总趋势

虽然该地区一些国家的经济形势还较混乱，广告业还处于萌芽状态，但中东欧地区对国际和地方经营者来说是一个有着巨大潜力的市场。这一地区有 4.2 亿观众的潜在市场，还有从设备（电缆、电视、卫星接收器、录像机）到节目及制作产业的需求前景。因此，主要的传播集团已经采取行动，制订进入本地区主要国家市场的战略。

卫星电视和有线电视的出现成为 20 世纪 90 年代的新鲜事。在 90 年代前，卫星电视只是被有限地利用，只向一些有线电视网和国际饭店提供西方的节目。随着政治和经济开放以及公众对新节目的需求，卫星电视接收高速发展，有线网日益扩展，卫星碟形天线市场火爆。统计数字表明，1993 年底有 300 多万个家庭正式接收到了卫星节目，1996 年这个数字增长了一倍。

该地区的一些国家已经组织起了自己的跨国广播战略，建立了向邻国广播的网络或在别国建立网络，为其国际广播目的服务。俄罗斯利用苏联时期的旧频道 Ostankino 继续广播，Ostankino1994 年改为俄罗斯公共电视台。俄罗斯公共电视台是连接前苏联各部分以及几个中东欧国家的少数电视台之一。

一些中东欧国家也针对其旅居国外的居民发展了自己的卫星电视网。在波兰，波罗尼亚电视台向全欧洲的波兰人播放节目。在匈牙利，Duna 电视台向居住在邻国的 350 万马扎尔人播放公益节目。德国与中东欧国家合作建立了“Mosaika”播放系统，在本地区播放各自的节目，由于这一地区的各民族交叉分布，这一播放系统的发展与每一有关国家都息息相关。

俄罗斯联邦

在解体前，苏联的电视系统有四个频道，设在莫斯科的中央机构 Ostankino 负责管理所有的广播电视活动。俄罗斯联邦拥有最大的市场潜力，有近 1.5 亿的人口，原有 85 个电视中心，690 台发射机，11,000 个电视中继站，9000 个接收台，10 个全天播放卫星及一个庞大的电视网。

与其他国家一样，俄罗斯的电视在传播信息和娱乐方面发挥着主要作用。1995 年，在俄罗斯的欧洲部分超过 93%的家庭拥有电视。1996 年，俄罗斯视听市场上出现了私立经营者，公共服务电视出现了衰退。总体上说，公共频道的节目和私立频道同样受到了大量商业广告的影响。到 1996 年，俄罗斯电视部门包括 5 个国家级频道（其中 3 个已经商业化），100 个地区公共频道，200 个私立国家级频道，200 多个私立地区级电台。

公共服务电视频道

与极具竞争力的私有部门相比，公共频道必须与严重的财政困难作斗争，特别是它从国家得到的补贴有限，联邦的预算只够支持其一半的开支。

1994 年 11 月 30 日，最主要的公共频道俄罗斯公共电视台(ORT) 建立。它采用一种半私有化的结构形式，由于国家拥有51%的股份，使它具有了公有公司的地位，其他的股份由各银行所有。俄罗斯公共电视台是全俄最受欢迎的频道，向前苏联97%的地区播放节目，拥有 1.5 亿潜在的观众。它坚持综合办台，偏重文化和信息，1993 年每天实际播放 20 个小时。Rossia (RTR) 是第二大公共电视台。它向整个俄罗斯广播，前苏联87%的居民能收看到它的节目。莫斯科俄罗斯电视台是官方性质的频道，每天从下午 6 点到晚 11 点向首都及临近地区播放。它拥有稳定的 2,000—2,500 万的观众。财政困难迫使它与另一个私立频道 2X2 共用一个频道。

私有电视频道

第一批私有电视频道是从 1991 年起建立的。由于缺少控制及外国资本的投入，它们发展极快，特别是在有线和卫星电视部门。

新闻电视是 1994 年由包括 MOST 银行在内的一群俄罗斯股东建立的。在短短的一年中，它成了俄罗斯电视业中最成功的传奇之一。在收视方面，它已成为仅次于俄罗斯公共电视台的第二大频道。它在俄罗斯有良好的收视情况（大约 1 亿观众），每天从下午 6 时到午夜播放。1995 年，由于它在车臣人与印古什人之间的冲突中独立处理新闻的做法，几乎使它丢掉许可证。同样在 1995 年，它还由于它的 Kukli 栏目被送上法庭，在这个栏目中，它用木偶做主角来评述俄罗斯政治舞台。

其他私立频道如电视 6 台和 2X2 深受欢迎。电视 6 台是 1993 年由美国人特德·特纳与其俄罗斯合伙人共同建立的，通过卫星和有线系统播放有线网新闻快报、儿童节目和故事片。2X2 是俄罗斯最早的商业电视频道。它是与超级频道合作建立的，主要播放美国哥伦比亚广播公司提供的配有英语新闻的音乐电视节目和 BBC 提供的俄语新闻快报。

据 1995 年的统计，两个国家级公共频道——俄罗斯公共电视台和 RTR、两个私立频道——电视 6 台和新闻电视，拥有观众占观众总数的 70%。

俄罗斯联邦仍是该地区有线电视和卫星接收碟形天线安装率最低的国家之一。1995 年，该国欧洲部分有不超过 16% 的家庭安装了有线或是卫星电视接收碟形天线。尽管如此，有线电视已经开始发展，在一些城市，每天收看有线电视的观众占 30%—40%。广告市场也大大发展，1994 年，广告商们在俄罗斯电视广告市场投入了 10 亿多美元。

亚太地区

总趋势

亚太市场总体上保持了高增长的势头，其视听市场尤为活跃。本地区约有30亿居民，占世界人口的60%有余，有迅速扩大的市区以及7%的年经济增长率。这个地区在经济、贸易、技术、政治和文化各方面都蕴藏着无尽的机会，已成为全球最重要的电视制作和消费中心。

亚太地区的经济增长势头已扩展到了媒体领域，而媒体领域的一场真正的变革已改变了每个国家的面貌。勿庸置疑，电视具有最强劲的增长势头。在亚洲，3.86亿以上的家庭拥有电视机，平均拥有率在55%以上，到2005年，4.47亿以上的家庭将装备电视接收装置。1992年，亚太地区每个国家平均拥有2.4个电视频道。到2000年，由于数码数据压缩技术的引入，这一地区将有几千个电视频道。此外，由于付费收视的到来，电视收入据估计1995年有3.69亿美元，2005年增长到25亿美元。1985年到1995年间，广告界的收入从370亿猛增到580亿美元。如今，日本仍然是这一市场的最大受益者，与其他地区15.6%的市场份额相比，日本独占84.4%，其他国家（如中国和印度）的市场份额也已有了显著增长。总的来说，广告市场呈上涨趋势，1994年到2003年之间有望达到75%的增长率。

新的前景

在亚洲大陆上，视听业的前景似乎有两种互补的趋势：电视市场的强劲国际化和不断增长的区域化趋势。这两种趋势无论是在所有权和节目内容方面都有同样的体现。

主要的国际集团如全国广播公司、音乐电视、亚洲商务新闻、有线新闻网和 Star TV 等，在亚洲都有广大的观众。有1000万个家庭观看有线新闻网，630万个家庭观赏娱乐体育节目网，700 万个家庭观赏 BBC—WORLD。与此同时，当地的经营者也在地区范围展开越来越激烈的竞争。

在日本，日本广播公司是世界上最富有的电视网络之一，有大量的视听产品出口。其他经营者诸如印度的亚洲电视网(ATN)、泰国的国际广播网也在亚洲市场上占有一席之地。还有一些由银行、工业集团和政治人物支持的经营者，已经建立了其颇具规模的联合企业。

国际化和区域化同样存在于节目制作层面。亚洲的观众倾向于由当地语言制作的节目，这是一个全世界所共有的鲜明收视特征。这部分解释了印度 Zee TV 的成功，它 75%的节目源自当地素材。亚洲商务新闻频道是节目倾向于本地需求的另一例子。目前，其他的国际广播电视网也在调整其节目内容，使之更适合本地区的文化、政治和语言多样化的需要。

然而，亚洲的视听市场远不能说是统一的，国家与国家之间，甚至一国内部也存在着不平衡。从视听市场和新技术应用来讲，日本仍是最发达的国家。中国、印度、印尼，以及新兴工业国家如新加坡和泰国等，其市场目前相当活跃，尤其是在视听领域。

区域和国际参与者

亚洲视听通信市场为两种经营者——当地或区域公共机构以及大型视听集团所占领。亚洲广播联盟（ABU）代表前一种集团，总部在吉隆坡，它是欧洲广播联盟的亚洲同行。这一地区组织的目的旨在促进本地区与世界上其他地区的通信和交流。目前，亚洲广播联盟共有 30 个成员国和一些准成员。该组织已经建立起了与同类组织进行交换的网络，当中包括了欧洲广播联盟、阿拉伯国家广播联盟、非洲国家广播电视组织联盟、加勒比广播联盟和太平洋岛屿广播联盟。另一类经营者包括大的地方、地区或国际通信公司，它们控制市场的战略是各异的，从合资、独资或部分地拥有当地电视台的股份到建立新的广播网络。

亚洲卫星电视，通称 Star TV，是本地区最大的电视网络。它覆盖了大约 50 个国家，观众群更是不断扩大：1993 年 1130 万个家庭，1994 年 4200 万个家庭，1995 年 5400 万个家庭。最初由香港的家族企业集团拥有，随后该集团在 1993 年以 5.25 亿美元将 64％的股权转让给了鲁珀特·默多克集团。自此，亚洲卫视采用了一种以地方定位为基础的战略。它首先购买了亚洲卫星 1 号和 2 号的独家转播权，可将 100 个频道的节目转播到亚洲东部和欧洲，然后，它又进行了节目的重组，将节目以地区划分，以更有效地满足各地区语言和文化的需要。最后，它还在地区和国家的广播界中发掘合作伙伴，以便在亚洲大陆的各地区中获得更稳固的地位。Star TV 已在北京、孟买、香港和台湾地区建起了制作基地，用当地语言出版杂志。

在印度，Star TV 与 Subhash Chandra 合作建立了一个电视网络。Subhash Chandra 是印度主要的视听集团私人频道 Zee TV 的拥有者。1994 年，默多克集团获得了 Zee 远程电影 50％的资产。Zee 远程电影是个利润颇丰的频道，拥有繁荣的印度广告市场 60％的份额，而这一市场的年增长率超过 30％。除了 Zee TV，默多克集团还拥有其他 4 个频道——EL TV、Zee 电影台、明星电影台和五台。上述种种收购在印度引起了相当程度的批评，这一方面与印度文化独立性所面临的潜在危机有关，另一方面人们是不愿看到 Zee TV 和默多克的其他频道独霸印度的视听市场。在印尼，Star TV 采用了同样的伙伴战略，与非常有影响的制作商印尼视角合作。印尼视角是一个私有广播团体，它所播放的节目大多来自美国。它打算在 1997 年陆续联合创办 15 个频道。Star TV 还准备在泰国和日本建立新频道。

其他经营者也来到了亚洲市场。有线电视网是第一个在亚洲大量投资的国际电视台。它自 1982 年就已进入亚洲市场，首先是进入日本。到目前为止，有线电视网在亚太地区覆盖了20多个国家，并在曼谷、马尼拉、新德里、汉城和东京设有办事机构。除了全天播放新闻报道这一国际战略外，它每天还播放亚洲时事与经贸新闻。时代—华纳也已通过其新加坡子公司进入了亚太市场，与新西兰和新加坡当地的电视公司合作。美国电信公司正准备建立一个以商务新闻为主导的泛亚频道。亚洲商务新闻台已在播放此类新闻，它是由美国电信公司、道·琼斯、新西兰电视台、SiamVentures（新加坡）和BNN（香港）共同发起的。

此外，一些当地的电视台，如亚洲网络、Zee TV和Namaste亚视也在试图通过播出印地语和乌尔都语节目来占据欧洲和北美的亚洲移民市场。以Zee TV为例，1996年它仅在欧洲就有10万个收视家庭，在美国则有96,000个家庭用户。Zee TV在美国是国际公共通讯卫星电视广播的一部分，有720万个家庭通过有线电视收看。Zee TV还面向非洲观众，是当地多选择公司数字节目的一部分。

印度

拥有9亿人口的印度，如果其国民的购买力能与人口成比例的话，将成为全球第二大视听市场。在发展中国家里，印度在视听方面仍属于最不发达之列，全国只有4600万台电视机，不到10%的人家拥有录像机，基本上只有两亿中等阶级能看上彩色电视，也正是这一阶层在急着购买有线电视、装置碟形天线。统计显示，1996年印度有1600万户家庭能看上有线电视，1994年共有730万卫星碟形天线。

如其他幅员辽阔、民族众多的国家一样，公共服务电视是民族团结的核心力量。印度视听业许多年来一直由公共频道Doordarshan操纵，该频道完全由政府资助。它可以覆盖85%的印度人口和2/3的国土面积。印地语和英语用于国家级的电视广播，而地方和区域台则以当地语言播音。

随着1993年私有电视台的出现，公共网络改变了其单一机制，又建立了6个地面广播频道，专播当地和印度国内的节目。DD1是一个综合频道，分别用英语、印地语和乌尔都语向近3000万个家庭播放，有1.2亿观众。DD2频道为年轻人设计，专门播放故事片，覆盖近800万个家庭，拥有3000万观众。DD3从1994年开始播放文化节目。DD4更多的是向南部各邦，以当地语言播放。DD5和DD6台向孟加拉湾各邦和东部边界地区以及印度的东部和东北部转播。

印度公共电视台的一个突出特点是它的大众教育的媒介功能。实际上，1961年全世界第一次学校电视实验就是在印度进行的。在联合国教科文组织等合作伙伴的赞助下，1975年的全球第一个卫星教学电视实验也是在印度开展，该计划帮助许多观众习修远距离课程，甚至参加全国统考。1985年创建的被称为“图文电视”的电视信息和在职培训计划赋予了电视更多的教育功能。

印度视听市场的开放在很大程度上归因于有线电视和卫星电视的激增。拥有有线电视的家庭在1993年到1996年间从40万增加到了1600万。1995年，有28个有线电视网络在播出节目，包括有线新闻网、法国电视4台国际台和亚洲电视网络(ATN)、音乐电视、Star TV和Zee TV。最近几年，印度政府政治决策者认真讨论了国际频道的地位，一些人认为有线电视和卫星电视的侵入会有损社会团结。

日本

日本的视听市场是全球最活跃的市场之一，它包括全世界最大的公共电视频道——日本广播公司（NHK）和12个居世界视听界100强的电视台，它进行了首次卫星电视广播和高清晰度电视的展示。日本电视用户通过有线和卫星可以接收到100多个频道的节目。日本有一个主要的国家级电视台——日本广播公司、5个主要私有电视台和大约100个地区频道，是居美国之后的全球第二大视听市场。

日本广播公司在世界广播业界位居前10名，它所有的节目在4个频道播出，其中两个频道由卫星转播。日本广播公司总是走在新技术的前列。地面电视台1台——大众电视（GTV）播放大众趣味的节目和新闻；2台为教育台（ETV），主要播放教育和文化节目。卫星转播频道直播卫星1台和2台播放文化、体育节目以及新闻节目。日本主要私有频道有新闻电视、特纳广播系统、富士台、朝日电视、东京台等，它们的资金来自广告。朝日电视成立于1957年，是这些电视台中规模最大的，其自制节目在95%以上。除了地面和卫星电视，有线电视是另一种播放方式，提供130多套节目，其中大多由付费电视频道播映。日本政府决定到2010年为每个家庭安装光纤电缆。

日本的电视用户是在电视机前度过时间最多的观众，他们每天平均花3小时25分钟看电视，其中40%是娱乐节目，20%新闻，13%教育节目。电视节目大约有35%以上的经费来自广告。日本的数字电视节目1996年10月开播。

非洲

撒哈拉以南非洲的电视业自1990年起经历了深刻的变革。这些广泛的变革缘于两个主要因素，一些非洲国家民主进程的到来与通信的国际化。在许多非洲国家，从前由政府控制的视听领域越来越趋向于自由化。近年来，它逐渐向国际与地区的私人经营者开放。付费电视频道（例如南部非洲网M－NET与法国的时空频道）已进入非洲市场。电视机的数量在1988年从60万台增长到了1500万台，卫星碟形天线与录像机的数量也在持续增长。

非洲市场被大型的国际广播公司列为优先开发的对象。正如在大多数国家一样，非洲的电视节目供应基本上由低价购进的国际产品组成，这些产品通常比国产节目更价廉物美。值得一提的是非洲曾大力开展非洲国家电视台之间的节目交流，尤其是通过非洲国家广播与电视组织联盟（URTNA）进行广泛的合作。该联盟 1962 年始建于拉各斯，目前共有 48 个会员。

非洲仍然是世界上电信基础设施与视听资源最为匮乏的地区。除少数国家以外，1995 年非洲大陆上平均每 100 名居民使用 1 根电话线，而且所有的电话线都集中在城市。在视听与节目方面也存在同样的不平衡，几乎每 100 名非洲人中仅有不到 4 人拥有一台电视，也就是说其电视的普及率是 14.2%，远远低于亚洲的 55.3%。这意味着有 80% 的非洲人口看不到电视。其中条件最差的是乡村人口，他们根本不具备起码的购买力。

在 80 年代末之前，尤其是在单一政党的国家，非洲的电视被认为是政党的喉舌，维护当局的行动利益。自 1990 年以来，政治自由化与民主化导致了私人媒体的出现，电视中也传出了更具有批评精神的声音。电视仍从属于国家，但并不排斥商业频道的出现。由于媒体自由化的程度不断提高，某些公共服务电视逐渐出现了不同的观点。在许多国家，诸如此类的变化的出现使得管理媒体的立法机构也发生了相应的变革。新的管理机构开始出现，虽然其结构与职能因国家与地区而异。在贝宁，音像与通信高级委员会（HAAC）的一个主要职能是保证媒体的自由并监督各政党享有平等的与媒体接触的机会。

然而，与媒体国际化同时出现的还有一些负面的现象。贫困使得大多数非洲电视频道不得不在资金上与技术上依赖与其他国家的合伙经营或通过国际合作的方式寻求发展。这种依赖性必然在电视节目方面有所反映，在大多数国家约有 70% 的节目是海外进口的，更有甚者，在佛得角、吉布提等国90%的电视节目是进口的，而本地的节目制作往往只局限于电视新闻与少数的娱乐节目。

在撒哈拉以南的非洲地区，电视在社会中的根本职能长期以来一直是人们争论的话题。60年代电视刚引进非洲时被视为是发展与社会变革的工具，科特迪瓦与尼日尔等国曾制作了雄心勃勃的电视教育节目，但这种尝试到80年代就已经销声匿迹了。80年代剧烈的动荡至少唤醒了国际社会对非洲与世界上其他国家在通信领域的巨大差异的认识。那些动荡还暴露了跨国电视节目的单向流通方式将导致地方文化单一化，从而危及脆弱的地域文化、民族文化。随着全球化与地缘政治变革的到来，关于非洲电视在民主化进程中的作用，公共服务电视的宗旨与独立性，以及管理新型数字与空间技术的条件等问题也逐渐浮出水面。

拉丁美洲及加勒比海地区

从90年代起，拉丁美洲的电视业一直存在着与技术激变和媒体国际化相关的两大趋势。随着数字广播的到来和电视频道的急剧增多，由于有线电视网络的安装和碟形天线的激增，卫星接收发展速度非常之快。这一变化引起了对国内外节目的更多要求，也带来了一系列问题，如面对强大的国际电视联盟，当地视听业如何发展的问题，如何预防一些国家、区域和国际集团控制视听市场的问题以及地方和社团公共频道的未来等问题。

拉丁美洲地区有两大视听市场。最大的是西班牙语市场。从人口上讲，它是世界第二大视听市场，共有3.33亿潜在用户，其中2.7亿在拉丁美洲、3900万在西班牙、2400万在美国。位居第二的是葡萄牙语市场，基本上分布在巴西，共1.5亿观众。总的来讲，观众大部分都住在市区，占本地区人口的70%以上。在墨西哥城、圣保罗、里约热内卢、布宜诺斯艾利斯、利马和波哥大等大城市，拥有电视的比率高达90%。至于有线电视，据统计拉美的有线电视用户为500万，大部分居住在墨西哥和阿根廷。

尽管该地区国家社会政治背景和视听系统迥异，但整个地区仍不乏一些共同之处：商业频道凌驾于公共频道之上，电视广告市场的规模相近。公共服务电视频道是基于与欧洲完全不同的概念之上，虽然拉美的这些频道不是由国家控制，但私有电视台被认为是完全服务于公众的，而公共服务台的年度预算仅仅是商业台的6%。据统计，在拉丁美洲及加勒比海国家的570个地面接收频道中，有105个是公共频道，其中64个与文化和教育有关。

拉美的视听市场由两个大电视集团——巴西瑞德全球集团和墨西哥电视集团控制。他们在各自的市场都有着举足轻重的地位。墨西哥电视集团频道是本地区最大的跨国性公司，也是西班牙语节目最大的制作商与出口商。1995年，它控制了墨西哥75%的市场，拥有4大国家级电视台和200个地方电视台。巴西瑞德全球集团拥有9个电视频道，吸引了巴西68%的观众、73%的广告收入。它还控制着一家发行量很大的报纸，进行着多方位的投资，如保险业、房地产业、畜牧业、食品加工和电子业等。

除了委内瑞拉情况与墨西哥和巴西模式相似外，本地区内其他国家的电视系统通常是很分散的。在阿根廷，有线电视市场的竞争者有1200多个。其他地区，尤其是中美洲，电视市场仍处于初级阶段，除了阿根廷、智利和墨西哥，拉丁美洲其他国家几乎没有有线电视。在墨西哥，拥有电视的1700万家庭中，有线电视用户占10%。阿根廷的比率要高一些，1000万家庭中的51%安装了有线电视。以上三个国家约占所有有线电视用户的82%。在此前景下，有线电视商正投资于光纤，并加入一些组织来面对数字卫星电视广播和其他国外有线电视公司的挑战。

阿拉伯国家

阿拉伯世界有近3000万家庭拥有电视机。1996年估计已装有卫星接收碟形天线500万个。高新技术在这一地区的引进使许多国家的视听系统发生变化，卫星电视以及地面数字广播极大地丰富了电视节目，但也加剧了阿拉伯地区电视频道与西方的国际电视频道之间的竞争。

阿拉伯国家广播联盟（ASBU）在1969年成立，旨在加强地区合作、促进成员国之间的节目交流。阿拉伯世界的视听状况有许多相同之处，但仍存在很大差异。这些不同反映出各国内部经济发展的不均衡以及政治制度的多样性，比如海湾国家的电视台在发展中引进了最新的数字技术，而像毛里塔尼亚、苏丹这样的国家连购置相关设备都遇到很大困难。卫星电视是该地区最广泛使用的传播形式，阿拉伯卫星网覆盖了整个阿拉伯世界，而有线电视在阿拉伯地区是一个极小甚至不存在的产业，这是由于该地区人口分布不平衡，可居住地区相对集中以及基础设施不完善等原因造成的。

轨道公司、阿拉伯广播电视和MCME是本地区最重要的地区性电视经营者。轨道卫星电视网络建立于1993年，是本地区最大、最昂贵的付费电视频道，从罗马向20多个阿拉伯国家播放广播和电视节目，主要包括阿拉伯语的作品和新从迪斯尼公司购买的电影。为了增强广播能力，扩大节目覆盖面，该网已选择了数字卫星网络。阿拉伯广播电视由沙特集团—阿拉伯媒体公司建立，1997年开播，通过泛美4号卫星传送14个频道的节目。多选择公司（MCME）也提供付费电视节目，在1996年由南非集团多选择公司和其他阿拉伯合伙人阿拉伯广播和电视公司共同建立。

中东广播中心是阿拉伯观众最喜爱的免费电视台。它在世界各地有 50 多名记者和 15 个新闻局，树立起了独立和职业化的形象。这一公司是在 1991 年由沙特阿拉伯王室的一位亲戚建立，从伦敦广播，通过设在包括沙特阿拉伯在内的许多阿拉伯国家附属“撒拉视线”进行微波多通道分配。

音乐电视和 Star TV 已跻身于阿拉伯市场，它们正努力专门为特定的国家提供阿拉伯语节目，而一些当地的免费电视频道(如 LBCI、未来电视和远程黎巴嫩等）则正尝试向本地区外发展。一些国家电视台也雄心勃勃地进行地区性和国际性广播。但是阿拉伯国家的市场容量有限，不可能容纳太多的国际频道、地区频道和当地频道。

后　　记

本书希望通过对电视传播相关理论问题的探讨及对电视传播现象的阐释,使读者深入地了解电视这一现代化的大众传播媒介。

希望这是一本对电视从业人员有所帮助的书。电视工作者从事电视节目的创作，首先应该从认识电视、了解电视开始，只有认识了电视媒介的特点，了解了电视媒介的属性，才能更好地掌握电视、驾驭电视。希望这是一本对普通电视观众有所裨益的书。没有了解媒介的成熟的受众，就没有成熟的媒介。

对于我来讲，完成这本书是一件不容易的任务，常感到力有未逮。所幸的是我的前辈、北京广播学院电视系的各位老师对电视学科体系的开拓和建设已经取得了丰硕的成果，使得我们能够站在巨人的肩头，汲取丰富的营养，同时他们开放的学术态度和严谨的治学精神也成为我们后辈的精神动力。本书的许多观点都来源于他们、特别是长期关注电视传播问题的叶家铮教授、郭镇之教授以及我的硕士导师钟大年教授，在此向他们——我多年的老师表示感谢和敬意。

作者

2002 年 5 月

图书在版编目(CIP)数据

电视传播概论/秦瑜明编著.--北京:北京广播学院出版社,2002.5(2020.11 重印)

ISBN 978-7-81085-042-1

Ⅰ.电… Ⅱ.秦… Ⅲ.电视工作 Ⅳ.G220

中国版本图书馆 CIP 数据核字(2002)第 027560 号

电视传播概论

DIANSHI CHUANBO GAILUN

作　　者	秦瑜明
责任编辑	杜丽华　张绍红
责任印制	李志鹏
封面设计	大盟文化
出版发行	中国传媒大学出版社(原北京广播学院出版社)
社　　址	北京市朝阳区定福庄东街 1 号　　邮编:100024
电　　话	86-10-65450528　65450532　　传真:65779405
网　　址	http://cucp.cuc.edu.cn
经　　销	全国新华书店
印　　刷	艺堂印刷(天津)有限公司
开　　本	850mm×1168mm　1/32
印　　张	7.5
字　　数	182 千字
版　　次	2002 年 5 月第 1 版
印　　次	2020 年 11 月第 8 次印刷
书　　号	ISBN 978-7-81085-042-1/K·042　　定　价　20.00 元

本社法律顾问:北京李伟斌律师事务所　郭建平